AF247763

PIE IX

ET

HENRI V

PIE IX

ET

HENRI V

D'APRÈS LA GRANDE PROPHÉTIE INÉDITE

DE SAINT CÉSAIRE

Archevêque d'Arles,

PAR

Mme LA COMTESSE PIA DE SAINT-HENRI

Rome est à Dieu.
(Mgr DUBREIL.)
Tout pour la France et par la France.
(HENRI V.)

4e ÉDITION

MARSEILLE

MARIUS LEBON, LIBRAIRE

RUE PARADIS, 48

1871

PRÉFACE

L'apparition de la petite brochure Pie IX et Henri V a su éveiller une attention flatteuse. De toutes parts des demandes multipliées me sont parvenues pour obtenir des commentaires sur l'extrait de la prophétie de saint Césaire. Inhabile dans l'interprétation des oracles, nous avons cru devoir nous adresser au biographe de l'illustre archevêque d'Arles, et grâce à l'obligeance de M. l'abbé J.-M. Trichaud, nous pouvons mettre sous les yeux du lecteur la prophétie tout entière expliquée par l'habile traducteur auquel nous en devons la découverte.

De même, pour nous conformer à quelques observations justes et amicales, nous avons retranché différents paragraphes touchant la vie de M. le comte de Chambord.

D'autres ouvrages donnent assez de détails sur ce sujet
pour qu'il nous soit permis de les passer sous silence,
afin d'accorder un soin tout spécial à démontrer la
coïncidence des événements. Nous espérons que l'on nous
saura gré de cette suppression, d'autant plus qu'elle se
trouve compensée par la relation des faits plus récents, et
nous prions nos chers lecteurs de vouloir bien nous con-
tinuer cette bienveillance qui nous honore.

C^{se} PIA DE SAINT-HENRI.

I

Je croyais pénétrer tes jugements augustes ;
Mais, grand Dieu, mes efforts ont toujours été vains,
Jusqu'à ce qu'éclairé du flambeau de tes saints
J'ai reconnu la fin qu'à ces hommes injustes
Réservent tes puissantes mains.

J.-B. ROUSSEAU.

Dieu est grand et admirable dans ses œuvres ! L'athée qui nie l'existence de cet être suprême se voit confondu à tout instant par la protestation grandiose de l'univers entier. Le spectacle magnifique de la création est là pour témoigner de sa puissance, et la marche des événements à travers les siècles atteste une direction divine dans les destinées des mortels.

Ce n'est point un hasard aveugle qui règle la marche des choses. Les anciens pouvaient attribuer les révolutions malheureuses à une puissance néfaste ; pour tout croyant, elles sont la manifestation d'un ordre secret et immuable qui les a voulues ou permises de toute éternité. Il ne s'arrête pas à l'épée dont il sent le tranchant, ses regards s'élèvent vers les nues où siége la main qui la manie.

Qu'y a-t-il de plus cruel que ce passage rapide et imprévu du bonheur à l'adversité ? et pourtant, la vie privée nous offre tous les jours le tableau de ces transitions subites. Que dis-je ! des nations entières se voient bouleversées de fond en comble par des désastres épouvantables que l'on était loin de prévoir et dont on ne pourra jamais calculer toute la portée. Le jour même où un peuple est parvenu à l'apogée de sa gloire sert quelquefois de point d'arrêt à la trame qui prépare sa ruine, et l'on dirait que les cris unanimes de joie et de bonheur sont le prélude des accords funèbres dont l'air retentira bientôt.

Souvent des voix éloquentes surgissent quand tout semble présager un avenir heureux. Inspirées par un souffle prophétique, elles annoncent des événements presque incroyables, mais la suite des temps justifie leur parole, méprisée encore quand elle s'accomplit

Dieu l'a voulu dans sa miséricorde infinie ; et s'il a soulevé devant quelques âmes d'élite les voiles ténébreux qui cachent dans leurs plis sombres tant de malheurs ou de succès, c'est pour que nous reconnaissions son empire, l'action de sa providence, au moment où la prédiction se vérifie.

Combien de ces prophéties ne sont pas venues, de nos jours, éveiller l'attention publique. Les journaux ont parlé du moine de d'Orval, de Nostradamus, de la religieuse de Blois. Ajoutons encore les paroles éloquentes du Père

Lacordaire, qui, vingt ans d'avance, dépeignait à ses auditeurs de Notre-Dame les maux qui nous terrassent à l'heure présente. Son regard d'aigle pénétra jusqu'au fond de l'abîme; son cœur, plus fort que le diamant et plus tendre qu'une mère, fut saisi d'épouvante; il aurait voulu arrêter ses compatriotes dans la marche impétueuse qui devait aboutir au gouffre insondable.

Mais, parmi ces oracles, il en est un plus frappant que tous les autres par son étendue et sa précision; il prouve l'approche des catastrophes générales par des faits locaux dont la ville d'Arles a été et est encore le témoin.

On ne peut lire ces lignes inspirées sans ressentir une émotion inénarrable.

Il est une faculté propre au cœur humain, celle d'espérer contre toute espérance. Peut-être, me disais-je, les prophéties ayant rapport aux siècles antérieurs, ne se sont-elles pas accomplies; et me flattant de cette pensée, je résolus de remonter les âges de l'histoire de notre patrie.

Toutes les autres annonces prophétiques ne tentèrent point ma curiosité; je ne sais pas encore jusques à quel point elles méritent notre croyance. Mais peut-on s'empêcher d'adhérer aux paroles d'un homme sur le front duquel l'Eglise infaillible a posé l'auréole de la sainteté, qu'elle vénère et invoque sur ses autels?

Il y a plus de mille ans que cette main bénie, à l'heure réduite en poussière, traça sur le parchemin le tableau saisissant et fidèle des destinées du monde. Le passé a correspondu avec la prévision ; une étude sérieuse m'en a donné la preuve irrécusable. J'ai examiné tous les faits accomplis, à dater de Childebert Ier, contemporain et bienfaiteur de saint Césaire.

Faisant trève à mes appréciations personnelles, je me suis efforcée d'envisager les événements des derniers siècles au point de vue purement historique, sans me laisser séduire par l'esprit de parti.

D'un côté, l'histoire de France (et j'ai eu soin de choisir les meilleurs auteurs), de l'autre, celle de l'Eglise, j'ai traversé toutes les époques. Ce travail fut long et pénible ; mais je ne regrette point les heures que j'y ai consacrées. Aujourd'hui que j'ai terminé cette analyse scrupuleuse des temps écoulés, je suis convaincue de la véracité de ces oracles, le lecteur le sera comme moi quand il en aura pris connaissance.

. . . .

Peut-être aimera-t-il de savoir par quelle voie providentielle le document précieux a été tiré de l'oubli. L'honneur et le mérite en revient à M. l'abbé J.-M. Trichaud, l'historien savant de saint Césaire. Je ne saurais donc mieux faire que de citer ici la lettre qu'il a bien voulu m'écrire à ce sujet :

« Madame la Comtesse,

. . . .

. . . . « Tandis que je recueillais des matériaux
« pour l'histoire de saint Césaire j'eus l'occasion d'acheter,

« à une ancienne famille d'Arles, plusieurs sacs de pa-
« piers provenant de la bibliothèque de Mgr Du Lau,
« l'illustre martyr de la révolution. Parmi ces manuscrits
« je découvris un fort cahier, à écriture très-large et aux
« lignes très-espacées : deux choses qui me frappèrent,
« et j'eus bien vite reconnu la main du vénérable prélat;
« ce qui me rendit le manuscrit encore plus précieux.
« Mais mon attention fut de plus en plus excitée quand,
« après avoir tourné plusieurs feuillets, j'arrivai à la pre-
« mière page au haut de laquelle apparaissait, en gros
« caractères, ce titre :

« *Magna sancti Cesarii Arelatensis archiepiscopi*
« *prœdictio.*

« La grande prophétie de saint Césaire, archevêque
« d'Arles.

« Sans désemparer, je parcourus ce document, bien ré-
« solu de l'insérer dans l'histoire de saint Césaire. C'était
« au mois de mars 1847. L'homme propose et Dieu dis-
« pose. Je dus abandonner momentanément ce travail
« considérable, pour aller à Rome achever mes études
« théologiques, au milieu des ovations joyeuses faites à
« Pie IX, et bientôt sous les menaçantes agressions de
« l'ivresse révolutionnaire.

« Après avoir reçu l'onction sainte du sacerdoce je
« revins dans ma patrie se débattant, elle aussi, entre les
« mains des ennemis de l'ordre, et je repris mon travail
« historique de saint Césaire.

« Lorsque je le livrai à l'impression, en 1853, l'empire

« sauvait la France d'une épouvantable anarchie et sem-
« blait alors soutenir la religion, *non comme un instru-*
« *ment politique, non pour plaire à un parti, mais*
« *uniquement par conviction et par amour du bien*
« *qu'elle inspire comme des vérités qu'elle ensei-*
« *gne* (1). Je n'eus pas le courage de troubler ces douces
« espérances en suscitant à l'opinion publique de tristes
« appréhensions.

« Voilà pourquoi la prophétie de saint Césaire ne parut
« pas dans mon histoire de ce grand archevêque. Je dis
« un mot seulement de la prophétie imprimée dans le
« *Liber mirabilis* qui ne peut être de lui, puisque Jean
« de Vatiguerre en fait vivre l'auteur en 314, tandis que
« le premier primat de la Gaule remplit le sixième siècle
« du bruit de son nom.

« Aujourd'hui on est avide de prophéties. L'esprit fran-
« çais, quoique rongé par l'incrédulité, se plaît à recourir
« aux oracles sybillins comme pour y trouver un apai-
« sement nécessaire. Pour moi, je crois à la parole de
« saint Césaire comme à mon symbole de foi. La raison
« en est simple. Tous les événements qui y sont annoncés
« se sont réalisés avec une exactitude minutieuse.

« Mais cette prophétie est-elle réellement de saint Cé-
« saire? Je le crois également, à cause de certains détails
« locaux que seul il pouvait apprécier.

« Ainsi qui ne serait frappé du paragraphe xxvii où

____

(1) Voir le *Moniteur*, 2 octobre 1852.

« il est question du monastère des vierges? Quand je l'ai
« vu s'accomplir je me suis écrié : *Le doigt de Dieu est*
« *ici et Dieu est admirable dans ses saints.* . . . . . .

. . . . »

GRANDE PROPHÉTIE DE SAINT CÉSAIRE

ARCHEVÊQUE D'ARLES

MAGNA SANCTI CÆSARII ARELATENSIS	LA GRANDE PROPHÉTIE DE SAINT CÉSAIRE
ARCHIEPISCOPI PRÆDICTIO	ARCHEVÊQUE D'ARLES

I

Dei omnipotentis solius est res futuras prænoscere, et ex mammis lacte distentis omnipotentiæ suæ spiritus propheticus fluit unicè. *Prophetias ergo,* aït Apostolus, nolite *spernere* (I. The, 20). Sed dum movemur et snmus, tempus præsens animi est populator indefessus. Quæ ventura sunt ignorantes et maxime improvidi, detestandis nugis exiguum vitæ curriculum frustra collocamus. Væ cui *in corde suo domum sempiternam œdificare non cogitat.* (III. Reg. VIII, 18.) *Cogitavit Dominus et fecit quæcumque locutus est.* (Jer. LXI, 12.) Tu enim solus altissimus, potens, verax et omnium operarius ferax. Trans annorum innumerabilium series qui velut maris fluctus in arenam impetu instanti ad usque judicium ultimum explicabuntur, quanti et quam graves eventus perficientur !

Au Dieu tout-puissant seul il appartient de connaître les choses futures, et du doux sein de son omnipotence coule uniquement, comme le lait, l'esprit prophétique. *Donc,* dit l'Apôtre, *ne méprisez pas les prophéties.* Mais tandis que nous nous mouvons et nous vivons, le temps présent, ce ravageur infatigable, nous absorbe. Ignorant l'avenir et très-imprévoyants, nous consumons en vain le cours si restreint de notre existence. *Malheur à celui qui ne songe pas à édifier dans son cœur une habitation éternelle ! Le Seigneur a réfléchi, et il a accompli tout ce qu'il a annoncé.* Vous êtes en effet, Seigneur, le seul très-haut, puissant, véridique et le créateur fécond de toutes choses, à travers la succession des années innombrables qui s'accumuleront avec une prssante impétuosité jusqu'au jugement dernier, comme les vagues de la mer sur le sable du rivage, combien de graves événements s'accompliront !

Quel magnifique exorde ! Sous ces périodes harmonieuses on sent courir la foi, la sainteté, un respect et une confiance en Dieu sans limites.

II

Mox horibili pestilentia urbs afficitur, pastorem zelatum trahente conflictatum.

Bientôt la cité sera atteinte par une horrible peste qui entraînera le pasteur zélé.

C'est la peste qui sévit à Arles trois ans après la mort de saint Césaire, en 545, sous l'épiscopat d'Anxanius, son successeur, mort victime de son dévouement. (*Cum lues quam Inguinaram vocant, per diversas regiones desæviret et maxime tunc Arelatensem provinciam depopularetur*, etc., dit Grégoire de Tours, *Hist.* lib. IV c. 5.)

III

Sed pastor alter alterum hostem nefariorem dignitatis suæ vi reprimit, suadetque ut in urbe sacrâ detrimenta sarciat.

Mais un autre pasteur arrête par sa ferme dignité un autre ennemi plus cruel, et lui persuade de réparer les dommages qu'il a causés à la Ville Sainte.

Saint Aurélien, qui arrête Totila, et adoucit son esprit en faveur de Rome.

IV

O immanis gentium diversarum copia !

O troupe barbare de diverses nations !

Les Lombards et les Saxons.

V

Muliebriter fremit Gallia. *Melius est habitare in terrâ desertâ, quam cum muliere rixosâ et iracundâ.* (Prov. XXI, 19.)

La Gaule frémit au courroux des femmes. *Mieux vaut habiter sur une terre déserte, qu'avec une femme querelleuse et irascible.*

La guerre allumée par Frédégonde et Brunehaut.

VI

Beata Arelas nostra ex cujus sacro fonte terra extranea fidei rivulos accepit !

Bienheureuse notre Arles, de laquelle, comme d'une fontaine sacrée la terre étrangère reçoit les ruisseaux de la foi.

Saint Virgile, archevêque d'Arles sacre saint Augustin, évêque d'Angleterre, sur l'ordre du pape saint Grégoire.

VII

Internecinum bellum civitatem et Galliam agitat. Fugite hostes ; malleator robustus malleo formidabili undique acerrime percutit, illustri committendo imperatori gloriam Arabos domare.

L'infâme guerre agite la ville et la Gaule. Fuyez, ennemis, un marteleur vigoureux frappe de toutes parts fortement de son marteau formidable , laissant à un illustre empereur la gloire de dompter les Arabes.

Charles Martel et Charlemagne.

VIII

Infelix Gallia , cur te flagitiis horrendis ingurgitas ? Plora , plange, ulula, jejuna ut indignationem divinam avertas.

Gaule infortunée, pourquoi te plonges-tu en des vices exécrables ? Pleure, frappe ta poitrine ; crie pour détourner la colère divine.

Triste état de la France en 827. Pour désarmer le bras vengeur de Dieu, écrit le R. P. Longueval, Louis le Débonnaire ordonna un jeûne général et tint, en 828, une assemblée à Aix-la-Chapelle, où, pour détruire le mal en sa racine, il traça un plan de réforme pour toutes les conditions. (*Histoire de l'Eglise gallicane, ad ann.* 828.)

IX

Multoties ad liberandum primum mundi sepulcrum pia christianorum turba curit.
Futurum Galliæ patronum amara mors cur attingis ?

Plusieurs fois la pieuse foule des chrétiens court à la délivrance du premier tombeau du monde.
Mort impitoyable, pourquoi frappes-tu le futur patron de la Gaule ?

Les croisades et saint Louis.

X

Ex orientali Germania in provinciam meridionalem sicut torrens fragosus sese devolvit hæresis antiqua. Ecce vir Domini qui in vestibus albis, maternis armis, cum sociis suis conterit prosternit que.

De la Germanie orientale une ancienne hérésie se précipite comme un torrent tumultueux vers la province du Midi. Voilà l'homme du Seigneur qui, vêtu de blanc, muni des armes maternelles, avec ses compagnons, la terrasse et la broie.

L'hérésie des Albigeois, des Vaudois, etc., vaincue par saint Dominique, si bien dépeint par son nom *Domini vir,* son habit blanc et l'arme du saint rosaire de la très-sainte Vierge, notre mère.

XI

Militias sanctas paupertatis quibus aliquot post sæcula vexillarii Jesu impavidi se congregant, videte. Monachus contumax timet eas.

Contemplez les saintes milices de la pauvreté auxquelles se joignent, après quelques siècles, les intrépides porte-drapeaux de Jésus-Christ. Le moine insolent les redoute.

Les ordres religieux, la Compagnie de Jésus et Luther.

XII

Heu! Petri navicula super flumen nostrum paratu bellico instructa navigat. Navarchi plures intemperate rixiosi gubernaculi certamine ambigunt.

Hélas! la barque de Pierre, armée en guerre, navigue sur notre fleuve. Plusieurs pilotes batailleurs insensés s'en disputent le gouvernail.

Les papes à Avignon sur les bords du Rhône, les anti-papes, grand schisme d'Occident.

XIII

Cogitasti vias tuas, ô pastor optime! et verbum tuum secreto votivum verbo virgineo divinitus incitatur. Lætare Jerusalem, ecce rex tuus tibi reddit coronam sempiternam!

Vous avez examiné vos voies, ô pasteur excellent! et votre vœu secret est miraculeusement stimulé par la parole d'une vierge. Réjouis-toi, Jérusalem, voilà ton roi qui te rend la couronne immortelle.

Grégoire XI retourne à Rome, poussé par sainte Catherine de Sienne, qui lui dévoile la promesse secrète de rétablir le Saint-Siége à Rome, la Jérusalem terrestre, qui sera toujours la capitale du monde catholique, ainsi que l'indique l'adjectif *sempiternam*.

XIV

Accedite libitinarii immisericordes! Prostrata cadavera cumulatim jacent. Jam fetent et esca volatilibus cœli fiunt.

Approchez, ensevelisseurs sans entrailles! Les cadavres tombés gisent entassés. Déjà ils répandent une odeur fétide et les oiseaux du ciel s'en nourrissent.

Peste effroyable. On ne croira pas, dit le célèbre Pétrarque, qu'il fut un temps où l'univers a été presque entièrement dépeuplé, où les maisons sont demeurées sans familles, les villes sans habitants, les campagnes incultes et couvertes de cadavres; comment la postérité le croirait-elle? nous avons peine à le croire nous-même, et nous le voyons de nos yeux.

XV

Bellum, fames, pestis, repentina fluminis alluvies civitatem desertam in pomorum custodiam posuerunt.	La guerre, la famine, la peste, une soudaine inondation du fleuve rendent la ville déserte et semblables à la cabane des gardiens des fruits.

C'est en 1580 qu'eut lieu cette invasion simultanée de tous les fléaux, ainsi que je l'ai constaté dans mon *Histoire de la sainte Eglise d'Arles.* (Tome IV, p. 112.)

XVI

Quis armis contra fratres cæcos te instruit?	Qui vous a armés contre des frères aveuglés?

La Saint-Barthélemy.

XVII

Ab hæresi ad catholicam fidem reditus *Bearnensis capitis* splendorem veritatis triumphantem suscitat.	Revenu de l'hérésie à la foi catholique, le chef béarnais provoque la splendeur triomphante de la vérité.

Henri IV pouvait-il être mieux désigné?

XVIII

Pugione confectum, bone Deus! patrem populi amabilem aspicio.	Frappé d'un coup de poignard, bon Dieu! le père dévoué du peuple meurt, je le vois.

Assassinat d'Henri IV qui aimait tant ses sujets.

XIX

Quasi a sole refulgente, sic a monarcha potente Gallia totius mundi imperium complecti videtur, dum termini sui dilatantur. Postea, in provinciá, lues homicida.	Comme à l'éclat d'un soleil brillant, ainsi sous un puissant monarque la Gaule, domine le monde entier, et ses frontières se dilatent. Ensuite, en Provence, peste homicide.

Louis XIV comparé au soleil qu'il adopte pour blason avec cette devise: *Nec pluribus impar.* — Peste de 1720 à Arles, à Marseille, etc.

XX

Animos moresque rapidum et velox venenum invadit acuta. Altaria sacra contaminata, tronum antiquissimum litteraturæ floribus interstinctus aspis crudelis arrodit.

L'esprit public et les mœurs sont finement envahis par un poison rapide et prompt. Un aspic cruel, caché sous les fleurs de la littérature, ronge les autels sacrés maculés et le très antique trône.

L'œuvre perfide de Voltaire et de sa secte.

XXI

Lethiferis clamationibus mendacis libertatis Dei domus insectatur. Æternum dedecus sceleribus pessimis Francorum gens sibi inurit. Ex sublimi in sanguine mitissimi principis, propinquorum, amicorum capita devolvuntur. Barathrum cruoris innocentis immensum apertum est. Angeli Galliæ tremebundi montibus et collibus illud operite ! Salvatorem nostrum candidum immunda caro subrogat. Dura inferni æmulatio ! horror ! exsecratio ! vastatio !

Aux meurtrières clameurs d'une liberté menteuse, la maison de Dieu est attaquée. La nation française se couvre d'un éternel déshonneur par les crimes les plus atroces. Les têtes du plus doux des princes, de ses proches, de ses amis roulent d'*en haut* dans le sang. Un gouffre de sang innocent est ouvert, immense. Anges de la Gaule tremblants comblez-le avec des montagnes et des collines ! Notre Sauveur si pur est détrôné par une chair immonde. O dure émulation de l'enfer ! horreur ! exécration ! dévastation !

N'est-ce pas ici une peinture effroyablement exacte de la Révolution française ? Il faut remarquer cette expression d'*en haut* qui caractérise la guillotine.

XXII

Ex mariis interioris sinu exsilit dux inclytus qui crucem salutiferam in altum repondit et sceptri fragmenta manibus suis bellicosis colligit. Velut aquila nimis superbe ascendit et advolat, sanctum sanctorum manibus premit acutis. Incassùm. Ipse primum vinctus, catenis quibus constrictus fuerat audacter abrumpit. Adversa vero fortuna usque ad mortem inter aquas ligat.

Du sein de la mer Méditerranée sort un capitaine illustre qui relève la croix salutaire et recueille en ses mains guerrières les débris du sceptre. Comme l'aigle, il monte et vole avec trop d'orgueil. Il presse le Saint des Saints de ses serres aiguës. C'est en vain. Lui-même est enchaîné, et rompt audacieusement ses fers une fois. Mais la fortune contraire le lie au milieu des eaux jusqu'à la mort.

Napoléon 1er, ses exploits, sa persécution contre l'Eglise, son exil, son retour et enfin sa mort sur le rocher de Sainte-Hélène.

XXIII

Redeunt infelices posteri regum, pace constitutâ, et factum est gaudium magnum in Galliâ. Filii vero mendacii proditionis consilia clandestina moliuntur. Dum barbaricum terrenum victorioso vexillo albescit, trementes Capetios ignominiose proditos et PUERUM PRÆDESTINATUM pulsat in exilium rabiosa cohors.

Les malheureux descendants des rois reviennent, la paix est établie et une grande joie s'empare de la Gaule. Mais les fils du mensonge trament clandestinement des projets de trahison. Tandis que le sol barbaresque est dominé par le drapeau blanc victorieux, les Capétiens tremblants, ignominieusement trahis et l'ENFANT PRÉDESTINÉ sont poussés en exil par la cohorte furieuse.

Le retour des Bourbons, menées occultes des révolutionnaires, prise d'Alger, exil de Charles X, d'Henri V, l'*Enfant prédestiné*, et de la famille royale.

XXIV

Regnum diripuisti homo nequam ! Tibi dum prospero flatu succedunt omnia fugam capies tu et soboles tua.

Tu as volé le trône, homme pervers ! Tandis que le vent de la prospérité souffle pour toi, tu prendras la fuite avec ta race.

Louis-Philippe, son règne qui paraît heureux, et sa chute.

XXV

Sanguis et cædes. Fidei contemptus, nefariæ fraudes, morum improbitas, convivia in Ecclesiam Dei, velut bestiæ immanes ululant. *O Domine ! ne tradas illis animas confitentes tibi !* (Ps. LXXIII, 19.)

Sang et carnage. Le mépris de la foi, les fraudes honteuses, l'improbité des mœurs, les attaques contre l'Eglise de Dieu hurlent comme des bêtes farouches. *O Seigneur ! ne leur livrez pas les âmes de vos serviteurs fidèles !*

Le Révolution de 1848.

XXVI

Volat aquila secundo et bellum trans Galliam incutit. Omnipotentis universa flagella in impios homines cadunt. Elementa perturbata sunt omnia.

L'aigle vole pour la seconde fois et porte la guerre au delà de la Gaule. Tous les fléaux du Tout-Puissant tombent sur les hommes impies. Tous les éléments sont boule-

Multis in locis, tellus vacillat et vivos devorat. Fruges deficiunt, humore necessario radices orbatæ sunt. Semina putrescunt in campis et nihil quæ germinant producunt. Aëris flamen corrupti fere in omnem terram cursitat devium. Hominibus et animalibus mortem inferunt promptam et variam pestilentiæ pestiferæ.

versés. La terre tremble en plusieurs lieux et engloutit les vivants. Les fruits du sol diminuent. Les racines sont privées de l'humidité nécessaire. Les semences pourrissent dans les champs et celles qui germent ne produisent rien. L'air est corrompu et sa direction naturelle est presque partout changée. A cause de maladies pestilentielles, une mortalité subite et variée attaque les hommes et les animaux.

N'avons-nous pas vu et ne voyons-nous pas encore tous ces maux s'abattre sur l'univers, tantôt sur un point, tantôt sur un autre? Et ces maladies variées qui se promènent çà et là, sans que la science puisse en arrêter le cours et en déterminer la cause !

XXVII

Sub hoc tempore virginum monasterium nuper reædificatum, rursus ab Ecclesiæ membris mox gravibus morbis divine gravatis, diruitur.

Vers ce temps-là le monastère des vierges, réédifié depuis peu, est de nouveau ruiné par des membres de l'Eglise bientôt châtiés de Dieu par des graves maladies.

Le couvent de Saint-Césaire, restauré par les Dominicains en 1859, a été détruit en 1868, grâce aux manœuvres de personnes religieuses dont une, la plus coupable, coïncidence frappante ! est morte le jour anniversaire de cette restauration, dévorée, depuis trois ans, par des ulcères toujours renaissants, une autre est idiote, une troisième se traîne de consomption, une quatrième a succombé, après trois ans et demi de souffrances inouïes, etc. Les Arlésiens les connaissent.

XXVIII

Quis est iste magnidicus timoris rex ab aquilone cum classe et exercitu densis ruens? Deo et principibus suis infidelem Galliam vastat et purificat.

Quel est ce roi de frayeur fanfaron accourant de l'aquilon avec une nombreuse armée de cavaliers et de fantassins ? Il ravage et purifie la Gaule infidèle à son Dieu et à ses princes.

Le roi de Prusse et ses phalanges dévastatrices.

XXIX

Debilitata et derelicta ex unguibus suis debilibus sceptrum aquila dimittit in perpetuum evanescens.

Affaibli et délaissé l'aigle laisse tomber le sceptre de ses serres débiles et disparaît à jamais.

Napoléon III à Sedan.

XXX

Horrendus armorum strepitus! Galliæ Babylonem ferrum et ignis recondunt, quæ incendio extenso, sanguine inundata, procumbit.

Horrible cliquetis d'armes ! le fer et le feu enserrent la Babylone de la Gaule qui tombe dans un grand incendie noyée dans le sang.

Paris pris et brûlé en partie, le 23 mai 1871. Probablement le châtiment n'est pas complet.

XXXI

Postea regni urbs secunda et altera destruuntur.

Puis la seconde ville du royaume, puis une autre sont détruites.

Lyon, Marseille ou une autre grande ville.

XXXII

Tunc splendet misericordiæ divinæ fulgur, omnes enim sceleratos pœna justitia suprema mulcavit.
VENIT NOBILIS EXUL A DEO DATUS.
Super thronum majorum suorum ex quo hominum perversorum malitia ejecerat ascendit. Liliorum reflorescentium diadema recuperat. Animi fortitudine omnes Bruti filios quorum memoria in æternum peribit, destruit. Posteaquam posuerit in *urbe pontificali* sedem suam *Rex Blescensis* sancti Pontificis ærumnarum acerbitate permeati, qui clerum normæ vivendi apostolicæ subjiciet, tiaram regalem eriget in capite. Corde et spiritu simul devincti, emendationem universam conficient per triumphum.
Pax dulcissima ! fructus tui sese explicabunt in sæcula sæculorum. Amen.

Alors brille l'éclair de la miséricorde divine, car la justice suprême a frappé tous les méchants.
IL ARRIVE LE NOBLE EXILÉ DONNÉ DE DIEU.
Il monte sur le trône de ses ancêtres d'où la malice des hommes dépravés l'avait chassé. Il recouvre la couronne de lys refleuris. Par son courage invincible, il détruit tous les fils de Brutus dont la mémoire sera à jamais anéantie. Après avoir posé son siége dans la *ville pontificale*, le *Roi de Blois* relèvera la tiare royale sur la tête d'un saint pontife abreuvé par l'amertume des tribulations qui obligera le clergé à vivre selon la discipline des âges apostoliques. Tous deux, unis de cœur et d'âme, ils feront triompher la réformation du monde.

O très-douce paix ! vos fruits se développeront jusqu'à la fin des siècles. Ainsi soit-il.

La ville pontificale où Henri V, le roi de Blois, ainsi nommé à cause du château de Chambord près de Blois, siégera ne peut être qu'Avignon. Ou bien serait-ce Arles, la ville du pontife prophète? Le grand Pie IX est ici bien clairement désigné. Henri V lui rendra son pouvoir temporel, comme l'indiquent ces expressions : *la tiare royale.* Attendons avec confiance!

. . . .

. . . .

Que nous reste-t-il à dire? Après avoir parcouru ces lignes où se révèle à chaque syllabe l'inspiration d'en haut, on ne peut méconnaître la source de cet oracle. Dieu seul a pu révéler ces choses, il ouvre à son gré les trésors de sa divine sagesse, et donne parfois à ses Saints cette prévision étonnante dont les accents nous glacent d'effroi. Pauvre France! que de calamités te reste-t-il encore à subir avant d'acclamer ton sauveur. N'y aurait-il pas un semblant de raison pour se livrer au désespoir? Nos plus belles villes détruites, leur pavé inondé du sang de leurs habitants! Et tout cela après les désastres épouvantables d'une guerre inhumaine!

Ah! consolons-nous, le Seigneur épargna Ninive quand cette cité superbe, reconnaissant ses crimes, implorait un généreux pardon. Imitons son exemple, que nos prières désarment le bras déjà prêt à faire peser sur nous le châtiment de nos forfaits, qu'un cri sincère de repentir aille plaider notre cause aux pieds du trône éternel.

Ah! ne perdons pas courage.

Quelque difficile à croire que soit l'assurance d'un avenir heureux, soyons convaincus que des jours sans nuages se lèveront encore sur le sol de notre malheureuse patrie, sur le monde entier, grâce au gouvernement paternel d'un grand Pontife et d'un grand Roi!

II

. . . . . Dieu sur les sept collines
Peut seul asseoir son trône au milieu des ruines
. . . . Rome est à l'éternité

. . . .
Malheur à qui, bravant sa foudre toujours prête,
Oserait disputer sa sublime conquête
Au Dieu terrible des combats.

Mgr DUBREIL.

Je vois, je vois le trône où la fureur s'exerce
Tomber sur les enfants de sa chute écrasés,
Comme un chêne orgueilleux que l'orage renverse
Sur ses rameaux brisés.

J.-B. ROUSSEAU.

Il semble qu'après avoir exposé aux yeux du lecteur l'oracle terrifiant qui précède, je devrais me renfermer dans le silence. Mais non, je veux essayer, autant que mes faibles moyens me le permettent, de leur prouver :

1° Comment les destinées de l'Église sont alliées à celles de la France ;

2° Ce que les Papes ont fait pour Rome et les Bourbons pour Paris ;

3° Je donnerai un aperçu rapide du caractère de Pie IX et de Henri V.

.   .   .   .

.   .   .   .

Le malheur dans la main de Dieu a toujours une double fin. C'est un châtiment pour les criminels, une occasion de gloire et de mérite pour le juste. Les premiers blasphèment, le second courbe le genou en priant. Aussi, chaque larme qui perle à son humide paupière est recueillie par l'Ange de la souffrance ; elle deviendra un diamant de plus dans cette couronne brillante que le Seigneur lui décernera au terme de sa carrière. Chose étonnante ! cette attitude noble et fière de l'oppressé en impose même à la bande forcenée des satellites du prince des ténèbres, et il leur faut l'ivresse du crime pour accomplir leurs ignobles forfaits. Ne les avons-nous pas vus se diriger vers Rome, faisant retentir les airs de leurs vociférations, de leurs clameurs immondes ? D'où viennent ces cohortes auxquelles on préférerait, si l'on avait le choix, les barbares d'Attila et d'Alaric ?

C'est un roi catholique qui a formé ces escadrons audacieux, et les mène vers la capitale du monde chrétien. Comme autrefois Néron, il a armé le bras d'un esclave, et lui dit : *Va frapper ma mère.*

Le vicaire du Christ les voit approcher sans crainte ; des héros français, de concert avec ses fidèles Italiens, gardent les remparts. Un noble Vendéen est à leur tête, et les cris de **Vive Pie IX**, volant de bouche en bouche, manifestent à l'univers entier qu'ils sauront mourir à leur poste d'honneur. Le canon gronde, la décharge des fusils y mêle son bruit terrible. Les assiégés se battent comme des lions et meurent comme des saints, jetant un dernier regard vers la demeure de leur auguste Pontife qui gémit et prie. Voyez-vous nos zouaves décimer les rangs ennemis et répandre partout l'effroi et la mort?

O douleur! le drapeau blanc flotte sur la cité de Dieu. Est-ce possible? Oui. Assez de sang répandu, a dit le noble vieillard qui tient les clefs symboliques. Nous avons protesté contre cet acte inique d'une occupation sacrilége, cela suffit; remettons notre cause entre les mains de Dieu, il nous fera justice au jour marqué pour cela dans ses décrets irrévocables.

Rome s'est rendue, mais la foudre est tombée du haut du Vatican sur ce fils dénaturé, ce roi impie, et sur ses iniques coopérateurs. La troupe forcenée promène dans les rues le carnage et le meurtre. Ils fouillent jusque dans ces pieux sanctuaires où de timides vierges vivent ignorées et inconnues. *Dove sono gli zuavi?* est leur continuelle demande. En vain les cherchez-vous encore dans la cité, déjà ils ont pris place parmi les défenseurs de la patrie. Ils ont excité la fureur de vos bandes criminelles par leur courage intrépide, ils seront encore l'effroi et la terreur des Prussiens.

Au soir de cette même journée, dont jamais le cœur chrétien n'oubliera le triste souvenir, Pie IX, tristement appuyé contre une des fenêtres donnant sur la place

Saint-Pierre, murmurait en soupirant : *Ah ! si la France
était libre !!!*

Ces paroles ne sont-elles pas toute une révélation? Ces
mots ne déclarent-ils pas que la France est le champion
de l'Église? Avec raison, elle porte le titre glorieux de
fille aînée, et depuis l'heure où le fondateur de la première dynastie embrassa la foi catholique, rarement elle
a manqué à son noble devoir. Dieu lui a désigné une
grande mission : elle doit tenir le premier rang parmi
les autres peuples par sa civilisation et sa foi.

Un Pape sacra le premier roi de la seconde famille. En
754, Pépin passe les Alpes pour délivrer Etienne III de la
domination des Lombards. L'année suivante il reprend le
même chemin et agrandit les possessions temporelles du
Saint-Siége par le don de l'Exarchat et de la Pentapole.
En 773, Adrien Ier appelle le secours de Charlemagne
contre Didier, le dernier roi lombard, puis contre les ducs
de Bénévent et de Spolète. Léon III lui envoya les clefs
du tombeau de saint Pierre ; en retour le roi vint le délivrer de la main de ses propres sujets, révoltés contre lui.
En 800, le même Pape décerne la couronne impériale à
son libérateur et rétablit l'empire d'Occident, dignité qui
devait faire oublier à jamais l'ancienne élection libre des
premiers Francs. Plus tard, quand les malheurs forcèrent
les Papes de fuir leurs domaines, c'est sur le sol hospita-
lier de la France qu'ils posèrent leurs pieds fugitifs. Ainsi
fit déjà Urbain II. Quand les chevaliers chrétiens se
levèrent en masse pour aller délivrer les saints lieux, c'est

encore la France qui prend l'initiative à Clermont, 1095;
c'est un de ses fils qui va siéger à Jérusalem comme défenseur du Saint-Sépulcre. Louis VII conduit lui-même
ses troupes en Palestine, 1146. Philippe-Auguste va
prendre l'oriflamme à Saint-Denis et suit son exemple,
1190. Louis IX, la gloire immortelle de sa race, prend la
croix à deux reprises, en 1244 et 1247, et meurt en saint
sur la terre étrangère. — Philippe IV oublie un instant
la bonne harmonie qui règne toujours entre Rome et la
France, mais si Colonna alla jusqu'à outrager le saint
Pontife devant l'autel, on ne peut imputer cette insulte
qu'au caractère violent de l'ambassadeur ; la conduite
calme et respectueuse de Nogaret prouve qu'il outrepassa
ses ordres. Pendant le schisme malheureux des papes et
des anti-papes, la France donna asile aux premiers, et
l'affection filiale de ses enfants vint calmer la douleur des
illustre exilés.

Jamais, à l'exception d'un seul, les rois de la grande
famille des Capétiens n'oublièrent ce qu'ils devaient de
respect au chef de l'Eglise. Lorsque Charles VIII entrait
à Rome, le 31 décembre 1494, et que les habitants de
cette ville se joignirent au clergé et aux cardinaux pour
faire juger et déposer Alexandre VI, le roi de France
refusa de sévir contre le successeur de saint Pierre.

Je m'arrête : ce serait sortir du cadre étroit que je me
suis tracé que de noter ici tous les faits à l'appui de mon
assertion. Il me serait pourtant facile de démontrer comment la France, tout en combattant pour Dieu et la foi,

étend peu à peu ses domaines, soit qu'elle porte ses armes contre les Sarrazins et les Maures, ou bien qu'elle guerroie contre les hérétiques Albigeois, contre les Turcs, les protestants, etc.

Elle protégea la religion et la religion la protégea.

Un instant, au siècle de Louis XIV, les esprits tremblèrent, un schisme paraissait inévitable ; mais le monarque se rappela la tradition de sa race, il sut maîtriser son caractère bouillant, et écouter les sages avis du grand évêque de Meaux.

. Rome se vit-elle menacée, c'est au Roi de France qu'elle demanda appui et protection ! En retour, que de fois est-elle intervenue entre notre nation et les autres ? que de fois a-t-elle montré sa préférence pour notre patrie ?

Dernièrement encore, un prêtre français admis à une audience particulière au Vatican, au commencement de la campagne malheureuse qui vient de finir, recueillit des lèvres du Saint-Père cette parole consolante : « *Je ne sais pourquoi, mais tous les jours il me faut dire la messe pour la France ; je ne fais aucune prière sans y mettre une intention spéciale pour votre pays !* »

Pourtant le dix-neuvième siècle a vu s'accomplir des actes d'une hostilité manifeste envers le siége des Apôtres.

Qui ne songe à ce noble vieillard, arraché de son trône et traîné inhumainement à travers ses propres États, pour languir ensuite dans une triste captivité ? Et pourquoi cela ? On voulait le forcer à donner son consentement à des actes qu'il réprouvait. C'est là une tache dans la vie de cet homme qui avait mérité de la France, en lui rendant son culte aboli dans les phases sanglantes de la révolution. Ce fut sa perte, la ruine de sa puissance! *Rome est à Dieu!* s'est écrié un de nos meilleurs poëtes (1). Napoléon l'oublia et forgea ainsi lui-même la chaîne qui devait lier les serres de l'aigle au rocher de Sainte-Hélène.

Est-il vrai que Napoléon III a déclaré positivement vouloir fermer ses États aux édits pontificaux, si l'infaillibilité était décrétée? A-t-il, comme on l'assure, cherché par tous les moyens à influencer les évêques pour obtenir un vote contre le Saint-Siége?

S'il en est ainsi, ses malheurs ne m'étonnent plus. Il y a quelques années, on disait du dey d'Alger : *Un coup d'éventail lui a coûté ses États;* ne pourrait-on pas dire du dernier souverain déchu : *Un trait de plume lui a coûté son empire?*

Les journaux ont prétendu que l'ex-empereur a écrit une lettre de félicitations à Victor-Emmanuel pour son occupation de Rome. Qui peut ajouter foi à cette démarche inqualifiable? J'aime à croire qu'une nécessité urgente l'a forcé, au commencement de la guerre, à retirer nos troupes de Rome. Peu importe, il est toujours incontestable que le jour où nos soldats ont pris le chemin du retour, la première défaite a été essuyée par nos armées.

L'Empire s'est montré hostile au Saint-Siége sous le

(1) Mgr Dubreil, archevêque d'Avignon.

premier Bonaparte (1), l'histoire nous enseignera donc un jour clairement si le dernier a suivi l'exemple de son prédécesseur. Toutes les prophéties prétendent, et du reste notre propre réflexion nous le dira aussi, que les malheurs de Rome doivent finir avec ceux de la France. Encore une fois, elle se montrera ce qu'elle fut dans le passé : la fille aînée, la protectrice de l'Église.

Quand le lys aura refleuri sur le trône, la tiare sera relevée sur la tête de l'auguste Pontife qui gémit à l'heure qu'il est dans sa prison du Vatican.

Malheur à vous qui avez osé porter la main sur l'*oint du Seigneur*. Vous apprendrez, trop tard pour votre propre salut peut-être, ce qu'il en coûte de se faire le *bourreau du Pape !*

> Non, jamais, insultant à l'Église en détresse,
>   Sur le Saint Pontife romain,
> Sur ton vicaire, ô Christ, nul, si grand qu'il paraisse,
>   Nul, en vain, ne porta la main.
>
> BOUNIOL.

Ah ! vous le saviez, la France libre, jamais vos pieds n'auraient souillé la ville de saint Pierre. Vous avez attendu, comme l'apôtre perfide, l'heure des ténèbres, votre heure.

Aussi longtemps que notre drapeau a flotté au château

---

(1) Le comte de Maistre s'écria, lors de la division entre Bonaparte et Pie VII : « Jamais aucun souverain n'a mis la main sur un pape quelconque et n'a pu se vanter ensuite d'un règne long et heureux. » Paroles qu'ont pleinement justifiées les révolutions de ce siècle.

Saint-Ange, vous avez dissimulé, et quand une circonstance cruelle réclama ici la présence de nos soldats, vous avez salué leur disparition par les horribles clameurs qui firent tressaillir Dante au fond des abîmes.

Hommes lâches et cruels, continuez votre œuvre satanique, profitez des moments fugitifs de votre règne criminel, immolez les prêtres, chassez les religieux, bannissez les épouses du Roi des Vierges, versez le sang de l'innocent et du faible, dépouillez, profanez les temples, gorgez-vous d'or et de sang, enivrez-vous des larmes des malheureux oppressés, écoutez l'harmonie suave du râle de vos victimes expirantes ; criez à pleine voix : Nous avons convaincu le Christ d'erreur, il en a menti, l'Eglise ne règne plus sur la terre ! Faites votre œuvre, mais dépêchez-vous, déjà la nuit disparaît. Voyez ! à l'horizon lointain commencent à luire les premiers feux de l'aurore ; encore quelques instants, et le soleil de la justice va se lever sur l'univers étonné. Ah ! vous oubliez au milieu de vos festins impies le noble exilé que Dieu s'est choisi pour relever sa fiancée de ce lit de douleur où vous l'avez jetée. L'épée qui tranchera ses liens est prête à frapper, la bénédiction du Saint-Père l'a rendue invulnérable.

Tremblez, lâches assassins, le moment vient où l'on vous jugera. En vain vos émissaires s'efforcent de faire des prosélytes de leurs maximes hideuses, en vain vont-ils répandre l'or et la corruption. La France se réveille, son cœur palpite de nouveau d'un saint amour.

Jetez un regard dans nos églises ; voyez-vous ces jeunes

filles prosternées aux pieds de Marie? Ecoutez leurs accents, leurs prières vous condamnent. Elles demandent au Seigneur de hâter l'heure où la France, purifiée par ses larmes et un baptême sanglant, redevient digne de se jeter aux pieds de son roi et de son père.

Dieu, qui commanda à la mort de rendre sa proie pour sécher les larmes de Madeleine, Dieu ne restera pas sourd à nos instances; au moment où votre victoire paraîtra assurée pour toujours, il sévira contre vous, et vous disparaîtrez à jamais.

Nous demeurerons, et debout sur vos tombes vouées à l'exécration des siècles, nous saluerons l'Église, notre mère, qui sortira de sa longue captivité, plus belle, plus resplandissante, ajoutant à la triple couronne qui ceint le front de son auguste chef, la palme du martyre, l'auréole de la sainteté. Nos chants de reconnaissance iront retentir dans l'autre monde, et vous frémirez de rage dans les bras de Satan, en nous entendant crier :

Vive Pie IX, le Pontife vénéré !
Vive Henri V, le roi de Dieu donné !!!

III

Mais, surtout, tu fus grande, ô ville séculaire !
Lorsque la foi du Christ, ce réveil populaire,
Jaillit sur la terre en émoi !
Comme un mort ranimé brise ses draps funèbres,
Tu te levas, jetant ton bandeau de ténèbres.
En t'écriant : — Oh ! viens à moi.

Mme THORE.

Détournons à présent nos pensées des scènes scandaleuses provoquées à chaque instant par une soldatesque impie. Laissons la foule des prolétaires misérables acclamer un gouvernement sacrilége, tandis que le véritable Romain, imitant l'exemple de la plus grande partie de la noblesse, refuse de reconnaître une autorité marquée au sceau de la réprobation. Son attitude morne et silencieuse forme un vif contraste avec l'ivresse des spoliateurs et de leurs adhérents infâmes (1).

(1) Au moment où nous écrivons ces lignes, les feuilles publiques nous parlent d'une députation romaine composée de vingt-deux princesses, trois duchesses, trente-trois marquises, trente-trois comtesses et quatre baronnes.

Encore une fois, laissons la princesse Marguerite poser un pied téméraire sur *la logia del Quirinal,* d'où le Saint-Père donnait la bénédiction papale, et pendant que le digne fils du roi excommunié change l'antique chapelle de ce palais en salle de bal, et remplace la colombe symbolique de l'esprit de force et de grâce par des armoiries entachées de déshonneur, jetons un regard en arrière et voyons ce que Rome doit aux Papes et en particulier à Pie IX.

L'histoire nous transmet le nom de beaucoup de villes dont la grandeur et la richesse égalèrent celles de la capitale chrétienne, si toutefois elles ne les ont pas surpassées par leur magnificence. Mais que reste-t-il aujourd'hui des cités de Ninus et de Sémiramis? Qui parle encore de Suse et d'Ecbatane?

Pourtant les merveilles de ces deux villes n'ont point trouvé d'égales, et l'on s'étonne encore de nos jours en

Ces dames ont offert à Pie IX un tapis magnifique, véritable chef-d'œuvre.

Mme la comtesse de Marsciano, à laquelle appartient l'initiative de cette démonstration touchante, a eu l'honneur d'être auprès de Sa Sainteté, l'interprète de leurs sentiments affectueux et dévoués.

N'est-ce pas agir en vraie romaine? une pareille conduite ne mérite-t-elle pas les suffrages, les acclamations universelles?

Les dames étrangères n'ont point voulu rester en arrière. Le 17 avril, elles ont offert un baldaquin, complétant l'offrande de celles qui les avaient précédées peu de jours auparavant.

Mme la princesse de Salms Brauenfeld, dont l'esprit égale la bonté de cœur, a donné lecture d'une adresse couverte de 97 signatures. A la tête de ces noms distingués par leur noblesse, figurait celui de S. A. R. l'infante Isabelle de Portugal.

lisant la narration de leurs splendeurs passées. L'œil du voyageur contemple avec une surprise douloureuse cette masse de pierres informes dispersées çà et là sur le sol qui supportait dans les siècles écoulés des palais féeriques, des édifices grandioses. Quelques huttes, accusant l'indigence de leurs habitants infortunés, occupent à l'heure présente l'endroit où se trouvait peut-être la demeure du César asiatique; de chétifs troupeaux paissent l'herbe qui croît sur les ruines d'un temple où la Sybille rendait ses oracles.

Qui a détruit tant de cités superbes? Le temps et la main des hommes ont sapé les fondements, renversé leurs murailles. De toutes leurs grandeurs, il ne reste plus que le souvenir.

Comment se fait-il donc que la ville éternelle soit encore debout, après avoir vu dans ses murs les chefs des barbares? Plusieurs fois Alaric vint y promener ses cohortes sauvages. Poussé par une voix secrète, en 407, 409, 410, il mit le comble à la terreur des Romains et massacra des milliers des leurs. Quelle main guérit ces blessures? Qui arrêta le fléau de Dieu, le terrible Attila? Le Souverain-Pontife. C'est encore un Pape qui s'avance au devant de Genséric, et obtient la vie sauve aux habitants consternés. Pourquoi Odoacre ne rasa-t-il pas la cité de fond en comble? Parce qu'un vieillard, assis sur la chaire de Saint-Pierre, avait demandé grâce pour les malheureux coupables.

Que reste-t-il de Rome païenne? Des ruines immenses,

et si un pauvre pêcheur n'y avait déposé les clefs symboliques de sa puissance souveraine, existerait-elle encore? Tout porte à croire que peu à peu elle aurait disparu de la surface du globe. Mais le chef des Apôtres y établit son trône, et ses successeurs ont élevé une ville nouvelle sur la capitale antique qui tomba avec l'empire d'Occident.

Après l'avoir préservée d'une destruction entière, les Papes, dans leur suite non interrompue, se sont toujours montrés les pères, les protecteurs de cette cité qui leur devait l'existence. Ils ont veillé sur la conservation de ses gloires, leur munificence l'a enrichie de monuments somptueux, *la Rome des Papes vaut bien celle des Césars.*

Le cicerone ne vous montrera aucun édifice sans vous rappeler les souvenirs de l'un des premiers ou comme créateur, ou comme réparateur.

Là ne s'est point arrêté leur zèle. La ville de saint Pierre devait encore avoir le monopole des sciences et des arts, elle l'a eu.

Pendant les premiers siècles du christianisme, la littérature païenne, affaiblie, mourante, ne produisit plus que des ouvrages sans valeur. C'est alors que la voix des apologistes chrétiens se fait entendre. Bientôt des esprits vastes et éclairés viennent se grouper autour du roc inébranlable où se tient le vicaire du Christ, et quand les ténèbres épaisses de l'ignorance envahissent l'univers entier, le Pape conserve à Rome le flambeau qui doit illuminer de nouveau le monde.

En tout temps, en tout âge, le génie de l'homme s'est senti attiré vers cette enceinte bénie où il trouvait de quoi se satisfaire : la science y a rassemblé ses oracles, les arts leurs modèles ; aussi le savant et l'artiste prennent volontiers le bâton du pèlerin, et vont chercher à Rome la triple inspiration de la religion, de la grandeur et de la beauté.

« Oui, grâce aux Papes, cette ville est réellement de-
« venue le livre vivant de l'histoire, le temple des arts,
« le sanctuaire de la foi, la consolatrice de toutes les
« disgrâces, l'hôtesse de toutes les grandeurs, le but de
« tous les pèlerinages, le foyer de toutes les lumiè-
« res (1). »

Aucune capitale ne saurait rivaliser avec la cité des pontifes. Un sol généreux y prodigue ses fruits, de sages institutions favorisent le commerce à l'intérieur, et la mer est à deux pas pour l'exportation. L'œil vigilant de son roi et père veille à tous ses besoins : il donne le travail à l'indigent, le pain au malheureux éprouvé auquel la charité a offert un lieu de refuge assuré, la liberté à tous. Parlerons-nous encore de la majesté de son culte dont aucune pompe n'approche ailleurs ?

Qui comptera cette multitude empressée qui accourt de toutes les parties du globe pour prier devant le tombeau des Apôtres et contempler un instant l'image vivante du Christ sur la terre ?

(1) *Rome devant l'Europe,* par Paul Sauzet.

Ah ! l'on est si bien à l'ombre du dôme majestueux de la cathédrale du monde, et l'on envie le sort du Romain qui peut couler ses jours auprès du Vatican, où siége le monarque le plus juste, le plus aimant ; il ignore ce que c'est que l'ambition, car son âme ne connaît d'autre gloire que celle de la croix.

Quand on a entendu les cris unanimes provenant de cœurs sincèrement attachés à leur souverain : *E viva Pio nono !* qui éclatent toujours quand Sa Sainteté se montre à son peuple, on ne peut comprendre cette versatilité étonnante dont les Italiens viennent de faire preuve.

C'est la quatrième fois, depuis le commencement de ce siècle, que la révolution porte ses fruits dans ces contrées. Déjà l'auguste Pontife s'est vu dans la triste nécessité d'abandonner sa capitale, quitte à pardonner aux coupables au premier signe de repentir.

Et pourtant, quel règne jusqu'à présent a été plus fécond en œuvres grandes et méritoires? Pie IX n'est-il pas le monarque le plus libéral qui existe? Que n'a-t-il pas fait pour donner aux Romains une liberté limitée, vraie et entière, liberté qui n'a d'autres lois que la religion? N'a-t-il pas donné un essor nouveau au commerce, aux arts et aux sciences?

Cette fois, Dieu lui-même s'est chargé de montrer la différence du joug de la filiation et de l'esclavage. Pauvre peuple, qui espère plus de liberté d'un monarque parjure à sa foi que d'un Père !!! La Providence, en ces jours, te donne une leçon terrible. Tu gémis dans les fers et tu te crois affranchi ; tu es forcé de t'agenouiller devant un intrus, ton roi est captif.

Qui me donnera des paroles assez éloquentes pour dépeindre l'héroïsme d'âme dont Pie IX fait preuve dans cette circonstance difficile ? Il voit le canon et la baïonnette tournés vers son palais, ses amis dispersés, ses enfants massacrés, et il ne craint point. Debout au pied de la Croix, il implore le pardon des usurpateurs criminels et promet aux chrétiens fidèles une victoire prompte et complète ; son espérance ne saurait chanceler, elle s'appuie sur la parole du Christ.

Ah ! saint Césaire a bien raison de s'écrier : « *Il sera le grand Pontife !* »

Heureux sommes-nous de pouvoir le nommer notre Pasteur ; puissent nos prières hâter sa délivrance ! Dans ces heures d'angoisses, plaidons sa cause auprès de Dieu, et jurons aux pieds de l'autel un amour sans bornes à l'Eglise et à son auguste chef, le héros, le martyr de son époque, en attendant que nos frères lui rendent par la force de leurs armes son autorité papale.

En vain, siècle insensé, torrent né d'un orage,
Qui roule dans ton lit la fange d'un autre âge,
Tu bats cet édifice où resplendit la Croix ;
Immobile, l'Eglise, à vaincre toujours prête,
    Au ciel porte son faîte.
Ces flots grondants à peine en mouillent les parois.

Chapia.

IV

Les monuments de marbre aux riches mosaïques,
Les sculptures de pierres aux formes symboliques
Te présageaient de beaux destins.
(M. THORE.)

Après Rome, la cité aux gloires immortelles, il est une autre ville qui attire également les regards du monde. Une seule la surpasse en étendue ; nulle ne peut rivaliser avec son luxe et ses richesses. Chaque siècle est venu payer son écot à l'érection de ce monument splendide, l'orgueil de la France.

L'Espagnol s'écrie avec fierté : *Quien no ha visto Sevilla, no ha visto maravilla!* (1).

Toute l'Europe lui répond : « *Il n'y a qu'un Paris,* » et cela avec raison. Qui reconnaîtra aujourd'hui dans cet assemblage de tant de magnificences la vieille Lutèce ? Et pourtant, ce nom était mérité. A l'époque de César, ce n'était qu'un bourg infect.

(1) Qui n'a vu Séville n'a vu merveille.

Clovis, que l'on regarde comme le fondateur de la monarchie, y fixa la résidence royale en 481. Charlemagne, à son avènement, la transféra à Aix-la-Chapelle, 800 ; Hugues-Capet, chef de la troisième race, la remit à Paris, où il mourut, 996 (1).

Philippe-Auguste est le premier qui songea à orner la cité. Il activa l'érection de Notre-Dame, étendit le territoire au delà des limites fixées, entoura la ville de fortifications. En 1218, il fit entreprendre de paver le sol des rues. Il consacra la place des Innocents aux sépultures, réunit dans une même enceinte les quartiers séparés, tels que le Louvre, Saint-Honoré, etc. Il bâtit les halles, dota l'Université naissante de ses premiers statuts et lettres de priviléges. Philippe le Bel, en 1313, y fixa la cour suprême de justice, sous le nom de parlement. Jeanne de Navarre, son épouse, y fonda un collége appelé d'après son nom. Charles VIII, revenu de ses expéditions en Italie, y apporta le goût italien dont il nous a légué un souvenir dans le château d'Amboise ; François Ier y jeta les fondements du Louvre, dépensa des sommes folles en faveur de l'imprimerie royale, et sut attirer dans ses murs Léonard de Vinci, le fameux peintre florentin, Clément Marot, Guillaume Budet, et autres hommes de lettres.

Henri IV, le roi des braves, joignit le faubourg Saint-Germain à la ville, après l'avoir fait paver, acheva le

(1) *Histoire de France*, par Gérusez, Barberet, Bouchillé et Herber, membres de l'Université.

Pont-Neuf commencé par Catherine de Médicis, où on admire aujourd'hui la belle statue de ce prince tant aimé. Le même souverain construisit la place Royale et la rue Dauphine; il érigea le collége de la Flèche pour l'instruction de la jeune noblesse, fonda l'hôpital de Saint-Louis, embellit Fontainebleau bâti sous François Ier, et travailla au Louvre. C'est encore lui qui fut le véritable fondateur de la Bibliothèque Royale. Sous Louis XIII, Richelieu créa l'Académie française, éleva la Sorbonne, le Palais-Royal, etc.

Louis XIV, le grand Bourbon, fit bâtir Versailles, embellit Paris et sut enchaîner à son trône tous les hommes les plus éminents comme poëtes, tels que : Corneille, Racine, Molière, Boileau, La Fontaine, etc.; parmi les orateurs : Bossuet, Bourdaloue, Fénelon, Fléchier, Massillon, etc.; parmi les peintres : Le Sueur, Poussin, et une foule d'autres noms marquants, tels que : Perrault, Mansard, Puget, Girardon, etc., etc., etc. Sous son règne, Paris était devenu la merveille du monde; les Bourbons pouvaient être fiers et heureux de cette longue création.

La révolution, avec ses spectres sanglants de la dissolution et le renversement de tout ordre et de toutes les lois, est venue interrompre ces constructions grandioses.

Après la restauration, les Bourbons ont cependant encore travaillé avec succès à l'embellissement de leur capitale; ils créèrent la belle ligne des quais, le Château-d'Eau, les boulevards, la Bourse, l'hôtel des Relations extérieures sur le quai d'Orsay ; ils ont fait peindre les beaux plafonds des salles du musée Egyptien et compléter la décoration intérieure du Louvre.

Le palais des Beaux-Arts, les églises de Notre-Dame de Lorette, de Saint-François de Paule et plusieurs autres ont été commencés sous eux.

Ils restaurèrent Sainte-Geneviève et le Luxembourg.

En un mot, ils ont été les protecteurs des arts et des lettres.

Que ne m'est-il permis d'entrer dans de plus longs détails, il me serait aisé de remplir des pages entières par la citation des monuments et édifices que Paris leur doit, et d'énumérer les victoires, les conquêtes des Bourbons dont Charles X a clos la liste glorieuse, en ornant sa royale couronne du beau fleuron de l'Algérie.

Que nous est-il resté des conquêtes immenses de la République et de l'Empire ? La menace des autres nations.

Concluez maintenant.

Notre patrie a tout reçu de cette famille antique, dont le noble rejeton a gémi si longtemps sur la terre de l'exil, en attendant l'heure marquée par la Providence où il remontera sur le trône de ses pères. Territoire, monuments, industrie, richesse, grandeur, nous leur en sommes redevables, et l'Europe entière leur doit sa civilisation dont ils ont toujours été les zélés promoteurs. Je n'ai pas à vous parler de leur gouvernement ; si vous êtes Français de cœur, vous ne pouvez l'ignorer.

V

Mit den Schitsakls Machten
Ist kein ewiger Bund zu flechten.
(SCHILLER.)
Avec les puissances gouvernant nos destinées, on
ne peut contracter une alliance éternelle.

Les paroles placées en tête de ce paragraphe semblent convenir parfaitement à l'époque actuelle. Le commencement de ce siècle a vu la France dicter ses lois à l'univers. Fièrement assise sur son trône, elle a joué avec les sceptres et les couronnes, tout pliait devant sa volonté suprême; elle parlait, chaque mot devenait un oracle : elle était l'arbitre des destinées du monde !

Hélas ! que cette prépondérance fut de courte durée ! Qu'ils nous ont coûté cher, ces succès d'un jour ! Pourquoi Guillaume est-il venu avec ses guerriers redoutables envahir notre territoire ? Pourquoi a-t-il promené ses armées invincibles dans la plus grande partie de la

France, mettant tout à feu et à sang? Ne serait-ce pas parce que l'Allemagne a gardé un souvenir fidèle des guerres de Napoléon Ier?

Le roi de Prusse a eu beau écrire : Je n'en veux pas à un principe de gouvernement, ni à la personne de l'empereur ; j'en veux au peuple français! la cause première de cette guerre désastreuse date de loin ; la vengeance, pour être tardive, n'en est que plus terrible.

Reconnaissons-le, Frédéric-Charles, de Bismark, de Moltke, de Manteuffel, Steinmetz, etc., ne sont que les coopérateurs dociles *de ce roi de frayeur accouru de l'Aquilon* (1).

L'effroi l'a précédé ; partout où il dirigeait ses pas, les habitants de la campagne ont déserté leurs paisibles chaumières, pour chercher derrière les murs des forteresses les plus voisines, un abri contre la cruauté des barbares.

Que de fois leur espérance a été trompée ! L'enceinte qui devait les protéger s'est écroulée, détruite par les bombes ennemies, et les malheureux assiégés, après des efforts inouïs de privations et de courage, ne sauvaient que deux choses, l'honneur et la vie.

Qui n'a pas admiré la résistance héroïque de Strasbourg, de Metz, de Toul, de Belfort, et de tant d'autres citadelles dont les noms méritent une place d'honneur sur les tablettes de l'histoire?

____

(1) Prophétie de saint Césaire.

En vain la mort décimait-elle les rangs de leurs vaillants défenseurs, en vain la famine faisait-elle sentir ses étreintes cruelles pour ajouter à tant de misères ; les soldats se sont montrés dignes de leurs chefs, de leur patrie.

Quoique vaincus, ils ont mérité le nom de héros ; leurs enfants pourront être un jour fiers de dire : *Mon père était à tel siége.*

Mais ce n'était pas encore assez de ravager les départements limitrophes de l'Allemagne, l'armée victorieuse dont le roi pouvait s'écrier avec Attila : L'herbe ne croît plus où j'ai passé ! et poussé comme le fléau de Dieu, s'avance vers la capitale.

On rit de ses efforts. Aurait-il la prétention de l'assiéger ! Folie qu'une pareille entreprise !

O douleur ! ses guerriers se replient de tous côtés, des machines infernales sorties de la fabrique Krupp, sont montées sur les hauteurs élevées de mains d'hommes, le cercle de fer s'est rejoint. Paris est bloqué ! ! ! ! !

Comme les plis tortueux du serpent à la morsure envenimée, ainsi l'adversaire a entouré sa proie, et s'apprête à la frapper.

Mais non, les cabinets de Saint-Pétersbourg et de Londres vont s'interposer entre les puissances belligérantes. Ils ne souffriront pas que l'on assassine la France. Des troupes nombreuses vont venir renforcer les nôtres, le soleil d'Austerlitz se lèvera de nouveau.

Détrompons-nous ; le Russe se rappelle l'embrasement

de Moscou, l'Angleterre jalouse notre puissance maritime, nul ne vole à notre secours.

Les spectres hideux de la mort et de la famine ont aiguisé leurs faux tranchantes ; chaque jour ils moissonnent des centaines de victimes, et la tombe se referme à peine sur les cadavres encore chauds du dernier souffle de la vie, que d'autres se tordent dans les cruelles convulsions de l'agonie !

L'Europe voit l'abîme prêt à engloutir Paris-la-Superbe, et l'Europe se tait. Déjà le canon tonne, c'est le signal funeste ; ces coups redoublés jettent sur la malheureuse cité un déluge de feu, et augmentent sans cesse le nombre des martyrs. Ce sont des vieillards courbés par le nombre des années, des enfants dont la bouche bégaye à peine le nom de leur mère, de pauvres femmes à la fleur de l'âge ! ! !

Qu'importe au vainqueur, nul ne le contredit ! ! !

Je me trompe, une voix s'est élevée, protestant à la face de l'univers contre ce bombardement féroce.

Quel est ce téméraire dont les paroles éloquentes vont prendre Dieu à témoin et le rendre juge entre lui et l'ennemi de la France. Ecoutons-le :

« Il m'est impossible de me contraindre plus longtemps
« au silence.

« J'espérais que la mort de tant de héros tombés
« sur le champ de bataille, que la résistance éner-
« gique d'une capitale résignée à tout pour maintenir
« l'ennemi en dehors de ses murs, épargnerait à mon

« pays de nouvelles épreuves ; mais le bombardement
« arrache à ma douleur un cri que je ne saurais contenir.

« Fils des rois chrétiens qui ont fait la France, je gé-
« mis à la vue de ses désastres ; condamné à ne pouvoir
« les racheter au prix de ma vie, je prends à témoin les
« peuples et les rois, je proteste, comme je le puis, à la
« face de l'Europe, contre la guerre la plus sanglante et
« la plus lamentable qui fût jamais.

« Qui parlera au monde, si ce n'est moi, pour la ville
« de Clovis, de Clotilde et de Geneviève ; pour la ville de
« Charlemagne, de Philippe-Auguste, de saint Louis, et
« de Henri IV ; pour la ville des sciences, des arts et de
« la civilisation ?

« Non ! Je ne verrai point périr la grande cité que cha-
« cun de mes aïeux a pu appeler *ma bonne ville de*
« *Paris.*

« Et puisque je ne puis rien de plus, ma voix s'élèvera
« de l'exil, pour protester contre les ruines de ma patrie.
« Elle criera à la terre et au ciel, assurée de rencontrer la
« sympathie des hommes, et attendant toute la justice de
« Dieu.

« Henri. »

« 7 janvier 1871. »

Il avait raison : seule dans l'âme d'un père, notre douleur peut trouver un écho. Loin de cette terre que ses
ancêtres ont conquise, il ne sent qu'une chose, le contre-
coup des maux qui affligent notre patrie.

4

Hélas ! cette prière sublime n'aurait-elle pas dû apaiser votre courroux, justice inexorable ?

Non, saint Césaire le dit : *Le Seigneur châtiera la Gaule infidèle à son Dieu et à ses monarques.*

Paris se rend ; les préliminaires de la paix sont signés : que fait ce peuple qui a tant montré d'héroïsme pendant le siége ? Sans aucun doute, il ira en foule se prosterner dans l'église de Sainte-Geneviève ! Mais elle est devenue un magasin ! Est-ce possible ?

Il ira, non fléchir les genoux devant l'autel, mais traîner des mitrailleuses sur les hauteurs de Montmartre, monter des barricades, former la Commune !!!

Un cri d'indignation part de toutes les provinces, tandis que quelques villes cherchent à imiter la capitale en fomentant l'émeute. Guerriers, rassemblez-vous de nouveau, pour combattre cette fois-ci ! O honte ! ô désespoir ! c'est contre des poitrines françaises qu'il faudra braquer la bouche de vos fusils. Les paroles prophétiques vont donc s'accomplir ? Paris tombera-t-il dans une mer de sang ?

Ah ! Marie, le souffrirez-vous ?

Hélas ! les Juifs ont tué le fils de Dieu ; ils ne le connaissaient pas, et Jérusalem a été voué à l'anathème.

Les Français ont tué leur roi, ils le savaient !!! et Paris, dont tant de martyrs ont trempé le sol de leur sang, Paris, qui à l'heure même incarcère les prêtres, spolie les vierges, massacre les innocents, Paris, où sont tombées les têtes de Louis XVI et de Marie-Antoinette, trouvera-t-il grâce???

Mais que demandaient donc les émeutiers?

Une République à leur façon.

Qu'est-ce à dire?

En traçant les premières pages de ce petit opuscule, j'ai déclaré à mes chers lecteurs être entièrement ignorante en fait de politique. Aussi, en voyant cette réponse laconique dans un journal de l'époque, je me suis hâtée d'écrire à un vieux général, **M. de P.**, qui a combattu glorieusement pour l'indépendance de l'Amérique; ses opinions républicaines sont connues de tout Phila-delphie.

Voici ce qu'il me répondit :

« Chère Comtesse (1),

« Depuis deux ans je me demandais où vous étiez;
« j'espérais tous les jours vous voir poindre à la tête de
« quelque régiment d'amazones; vous êtes donc devenue
« de la glace pour votre patrie!.. Mal signe pour... Halte!
« vous seriez capable de me bouder encore, aussi je vais
« vous répondre question par question.

« 1° Vous me demandez ce que c'est que la Répu-
« blique?

« Chère comtesse, c'est le gouvernement du peuple par

(1) Le lecteur me pardonnera de livrer telle quelle la lettre d'un vieux soldat; j'ai tenu à lui laisser son cachet de véridique originalité.

« le peuple; c'est une fraternité complète, une égalité
« parfaite, une liberté entière; c'est une administration
« sage et pacifique, où le peuple, par ses représentants,
« gère lui-même ses intérêts.

« 2° Vous voulez savoir si elle est possible en France?
« Entre nous soit dit, non et mille fois non.

« A moins que, selon la parole du grand Bonaparte,
« *les administrés soient des anges et les administra-*
« *teurs des dieux.*

« Or, il y a malheureusement, à côté de la *démocratie*
« française, une autre classe de la société que j'appelle
« tout simplement *voyoucratie.* Ces hommes-là n'aiment
« le bonnet phrygien que teint du sang de leurs sem-
« blables. Au lieu de la liberté, ils veulent une licence
« fatale au genre humain tout entier. *Tout pour moi,*
« *rien pour les autres,* voilà leur devise. Ils renversent,
« brisent, saccagent, pillent, confisquent, et fusillent à
« tort et à travers, nient la religion, massacrent les prêtres
« et les honnêtes citoyens, volent impunément le parti-
« culier et l'Etat, jusqu'à ce qu'ils se voient écrasés à leur
« tour par les plus acharnés d'entre eux, car ils finissent
« tous par s'entre-égorger. Le mot République, pour eux,
« est le synonyme de 93, et, vous le savez, la Révolu-
« tion, comme Saturne, dévore ses propres enfants.

« Sur quoi se basent ces grands diseurs de phrases
« creuses qui électrisent la multitude? Que veulent-ils lui
« donner? Pas de bon sens ni de liberté, ni de grandeur,
« puisqu'ils en manquent au point de se courber devant

« le premier va nu-pieds pour avoir des adhérents. Toutes
« ces tirades éloquentes se résument ainsi : *Otez-vous*
« *de là que je m'y mette.* Ils cherchent tout simplement
« la patte qui prend les marrons du feu, quitte à s'esqui-
« ver au moindre danger et à laisser patauger les autres
« dans le bourbier où ils les ont enfoncés. Ils imitent de
« loin le pauvre Fiesco, qui voulut rendre Gênes répu-
« blique indépendante et s'en fit couronner duc. Ajoutons
« qu'il le paya de sa vie, tandis que les manants d'au-
« jourd'hui, prévoyant le cas, ont tous en poche de la
« poudre d'escampette.

« Ainsi, encore une fois, la République en France est
« un non-sens.

« Ce qu'elle a de mieux à faire (ne vous fâchez pas),
« c'est d'aller reprendre l'habit qu'elle a porté pendant
« plus de treize siècles. La Providence lui a taillé un
« homme comme il faut pour la conduire ; juste, sans
« être rigide ; libéral et bon, sans être faible. Est-ce que
« l'on préfère un étranger à un père, un intrus à un mo-
« narque légitime ? Mais sur ce dernier chapitre, nous ne
« nous entendrons pas et j'y coupe court. Ma chère com-
« tesse, si vous aimez toujours l'empire, je vous plains,
« car il a fait une banqueroute générale.

« Là-dessus, laissez-moi vous dire : Au revoir ! »

Quelque rude que soit le langage de mon ami, il est
judicieux et indiscutable.

Que fait-on à Paris ? L'émeute n'y renouvelle-t-elle pas
des scènes dont l'horreur fait frissonner ? Puisse Dieu ou-

vrir les yeux aux pauvres égarés ! Mais tout porte à croire que les prédictions vont s'accomplir.

Un décret de la Commune confirma l'athéisme, et prohiba la religion comme *hébétant* l'humanité, et étant *nuisible, contraire* aux progrès du siècle (1).

Notre-Dame est pillée et profanée, les prêtres ne peuvent plus exercer leur ministère, tout culte est aboli, l'immoralité règne en souveraine, et les citoyens éclairés ne rougissent pas de se dégrader au-dessous de l'animal dans des orgies infâmes que le paganisme même aurait blâmées.

Il restait un dernier acte à accomplir. Après l'arrêt vient l'exécution.

Il s'est trouvé dans le monde un peuple qui s'est proclamé le pontife de la civilisation, le libérateur des nations, le maître de l'avenir, et ce peuple a brisé la croix ! s'écria M. de Montalembert en 1830.

L'actualité nous donne le droit de répéter les mêmes paroles. La Commune a fait *scier* le symbole de la Rédemption qui surmontait le Panthéon, et pendant cet acte inique, le canon ne cessait de retentir.

Elle a fusillé soixante-quatre otages avec un sang-froid digne de Néron ou de Caligula (2).

(1) Un pauvre blessé demanda à grands cris un prêtre dans ses derniers moments. Après des difficultés inouies, on donna à un vénérable vieillard le sauf-conduit suivant : « Le citoyen ...., se disant représentant d'*un nommé Dieu*, est autorisé à entrer... »

(2) Voir mon opuscule, *Souvenir du régime communard à Paris*, chez Lebon, libraire, à Marseille.

Mais trêve de tout ceci ; avons-nous besoin de prouver davantage la décadence morale de notre cher pays. Tout homme de bien en est convaincu. Il n'y a qu'un moyen de salut : la monarchie ; son gouvernement paternel peut seul relever la France et effacer les taches dont elle a souillé son nom.

Est-elle digne de ce bienfait?

Dieu se charge de la rendre telle par les épreuves douloureuses que nous traversons.

Bien que banni de la France, M. le comte de Chambord suivit d'un œil attentif jusqu'à la plus petite crise de son histoire actuelle.

La Révolution de 1848 fit à son cœur une large blessure. Emu du saint désir de délivrer sa patrie des malheurs qui l'accablaient, il préconisait avec fermeté l'union et la conciliation. Exempt de toute vue personnelle, il déclarait n'avoir d'autre pensée que de remplir les devoirs sacrés imposés à sa naissance, de contribuer à guérir son pays des maux présents en conjurant les craintes de l'avenir et à l'aider au recouvrement de sa sécurité au dedans, de sa grandeur au dehors

Pour cela seul, il faisait appel à l'alliance et au concours de tous les partis, n'en formant plus qu'un seul, indissolublement uni désormais pour la défense des grands intérêts de la société !

Le plus beau jour de ma vie sera celui où je pourrai voir tous les Français, après tant de dissentiments et de rivalités funestes, rapprochés par les

liens d'une véritable fraternité ; la famille royale réunie autour de son chef dans les mêmes sentiments de respect pour tous les droits, de fidélité à tous les devoirs, d'amour et de généreux dévouement pour la patrie ; enfin, la France entière, pacifiée par la réconciliation de tous ses enfants, donner au monde le spectacle d'une concorde universelle, sincère, inaltérable qui lui promette encore de longs siècles de gloire et de prospérité (avril 1848).

Écoutez encore :

Si la Providence m'appelle sur le trône, je prouverai, je l'espère, que je connais l'étendue et la hauteur de mes devoirs. Exempt de préjugés, loin de me renfermer dans un esprit étroit d'exclusion, je m'efforcerai de faire concourir tous les talents, tous les caractères élevés, toutes les forces intellectuelles de tous les Français à la gloire de la France (5 octobre 1848).

Plus tard quand le coup d'Etat du 2 décembre mit les destinées de notre nation entre les mains de Napoléon, voici en quels termes il traça la conduite à tenir de la part des adhérents des Bourbons.

« Le premier devoir des royalistes, écrivait-il, c'est de ne faire aucun acte, de ne prendre aucun engagement qui soit en opposition avec leur foi politique. Fermement convaincus que le salut de la patrie est attaché au rétablissement de la monarchie légitime, ils doivent avant tout s'appliquer à conserver intacts les principes qui en sont la base.

. . . .

« Ils peuvent ainsi, ils doivent même aider le gouvernement dans la lutte qu'il soutient contre les doctrines anarchiques et socialistes, et si de nouvelles crises venaient malheureusement à éclater, ils devraient encore, ainsi qu'ils l'ont déjà fait, se montrer les plus zélés, les plus courageux défenseurs de l'ordre social (1).

« Tout porte à croire que l'on tentera bientôt de faire subir un changement considérable à la forme du gouvernement (2). »

« Les hommes monarchiques ne s'opposeront pas par la violence à cette expérience nouvelle, car, *à mon exemple, ils ne voudront jamais rien faire qui puisse troubler le repos du pays ;* mais ce sera une obligation pour eux de protester formellement, et par tous les moyens pacifiques qui seront à leur disposition, contre un changement qui ne peut avoir que des conséquences fatales, en compromettant les destinées de la France et en l'exposant encore une fois à des catastrophes et à des

(1) Les royalistes n'ont-ils pas été, surtout dans ces derniers mois, observateurs fidèles de ce précepte ? Les journaux républicains ont été forcés d'avouer hautement que nos plus vaillants soldats sont les Vendéens et les Zouaves pontificaux... Est-ce étonnant ! ils ont aimé dès leur enfance leur Dieu, leur foi et leur patrie.

(2) Les événement ont justifié et confirmé cette prévision ; puissent tous les légitimistes s'unir ensemble à l'heure présente et faire triompher notre cause par un concours de forces et de prières !

périls dont la monarchie légitime peut seule la préserver. Je répèterai ici ce que j'ai souvent dit à mes amis : *Soyez inébranlables sur les principes,* mais, en même temps, soyez calmes, patients, et toujours modérés et conciliants pour les personnes.

« Que vos rangs, que vos cœurs, comme le mien, restent constamment ouverts à tous.

. . . .

« Accueillons aussi avec empressement, avec cordialité, tous les hommes des autres opinions qui se rapprochent de nous tous les jours, et nous apportent le précieux concours de leur zèle, de leurs lumières et de leur patriotisme.

« C'est en présentant à la France, le rassurant, le touchant spectacle de l'union de toutes les forces monarchiques que nous l'amènerons à renoncer enfin à tant d'essais infructueux et à reconnaître elle-même où est son meilleur et son plus sûr avenir.

« Nous sommes dans un temps d'épreuves et de sacrifices, et mes amis n'oublieront pas que c'est de l'exil que je fais ce nouvel appel à leur constance et à leur dévouement.

« Des jours plus heureux luiront sur la France et sur nous, j'en ai la confiance. C'est dans mon ardent amour pour mon pays, c'est dans l'espérance de le revoir, de pouvoir le servir, que je puise les forces, le courage, qui

me sont nécessaires pour accomplir les grands devoirs qui
me sont imposés par la Providence.

« Venise, le 27 avril 1852.

« HENRI. »

L'héritier du grand Bonaparte allait ceindre la couronne
impériale. Henri V avait engagé ses amis à s'abstenir
d'un vote qui était « la négation de leurs principes » et, à
cette occasion, il publia le manifeste éloquent que les
royalistes ont su répandre dans toute la France, avant
même que le *Moniteur* en donnât la publication.

M. le comte de Chambord est resté digne de sa race,
jamais aucun acte hostile au repos de son pays n'a émané
de lui. Il s'est contenté de se rappeler au peuple français
par des bienfaits et des prodigalités généreuses. Poursui-
vant la marche des choses, il a signalé sans cesse à
l'attention de ses amis tout ce qui pouvait contribuer au
bien de notre nation.

Son programme politique se résume ainsi : Exclusion
de tout arbitraire, le règne et le respect des lois, l'honné-
teté et le droit partout, le pays sincèrement représenté,
votant l'impôt et concourant à la confection des lois ; les
dépenses sévèrement contrôlées ; la propriété et la liberté
individuelle et religieuse inviolables et sacrées ; l'administration communale et départementale sagement et
progressivement décentralisée ; le libre et égal accès pour
tous aux honneurs et avantages sociaux.

Dans une lettre du 9 décembre 1866, à **M.** le général de Saint-Priest, il écrit :

« Si dans les épreuves que mon pays peut avoir encore à traverser, la Providence m'appelle un jour à le servir, n'en doutez pas, vous me verrez paraître résolument au milieu de vous, pour nous sauver ou périr ensemble. »

Mais non-seulement la France, Rome dont elle est fière de se dire la fille aînée, Rome, la capitale de la chrétienté tout entière attirait aussi les regards de celui qui en sera le Sauveur.

« *Si d'autres pensées, disait-il, avaient présidé au*
« *gouvernement de notre pays, fidèle à ses traditions*
« *nationales et à son glorieux titre de fille aînée de*
« *l'Eglise, la France aurait eu quelque chose de plus*
« *à offrir au Saint-Père qu'un appui provisoire et*
« *passager.*

« *Soutenu par elle, Pie IX n'aurait eu rien à*
« *craindre de ses ennemis, il eût accompli sa double*
« *mission de Pontife et de Roi, et ses peuples lui de-*
« *vraient depuis longtemps les améliorations dont il*
« *avait pris la généreuse et paternelle initiative. Au-*
« *jourd'hui, nous touchons peut-être à une catastro-*
« *phe dont les conséquences sont incalculables.*

« *Ce n'est pas l'avenir de la souveraineté pontifi-*
« *cale qui est seul en péril. Il ne s'agit, disait-on, en*
« *dépouillant le chef de l'Eglise de son pouvoir tem-*
« *porel, que de le ramener à la sainte et honorable*
« *pauvreté de l'âge apostolique, afin que, déchargé*

« *de tous les soins de la terre, il pût exercer plus*
« *librement son autorité spirituelle. Mais maintenant*
« *on ne s'en cache plus. Dans son pouvoir temporel,*
« *c'est bien son autorité spirituelle que l'on veut*
« *atteindre, c'est au principe même de toute religion*
« *et de toute autorité que l'on s'en prend* (1).

D'autres fois l'auguste exilé s'écrie :

« *Puisse-t-il venir ce jour si longtemps attendu où*
« *je pourrai enfin servir mon pays !*

« *Dieu sait avec quel bonheur je donnerais ma vie*
« *pour le sauver.* » (15 novembre 1869) (2).

Beaux et sublimes accents! ont-ils besoin d'un commentaire ?

Non, assez haut ils témoignent à l'univers entier quelle est la noblesse et la grandeur d'âme du descendant de nos rois.

> Peuples, c'est par lui seul que Bellone asservie
> Va se voir enchaîner d'un éternel lien ;
> C'est à votre bonheur qu'il consacre sa vie,
> C'est à votre repos qu'il immole le sien.
> *Reviens donc*, il est temps que ton vœu se consomme.
>
> J.-B. Rousseau, *Ode VIII.*

(1) *Henri V et la monarchie traditionnelle*, pages 84, 85.
(2) *Henri V et la monarchie traditionnelle*, page 77.

VI

Parlez, fils des hommes pourquoi
Faut-il qu'une haine farouche
Préside aux jugements que vous lancez sur moi.

(J.-B. ROUSSEAU, *Ode IV.*)

Après avoir nommé à différentes reprises le Sauveur que la Providence nous réserve, pour ramener notre chère et malheureuse patrie des bords de l'abîme à une félicité stable et permanente, essayons d'esquisser en quelques traits la vie de Henri de France.

Personne ne l'ignore, il fut persécuté avant même de naître. D'odieux assassins voulurent tuer l'enfant dans le sein de sa mère ; Dieu veilla sur lui et l'auguste princesse sollicita le pardon des coupables auprès du berceau de son nouveau-né.

Dix ans plus tard, l'illustre enfant doit prendre le chemin de l'exil. Banni de cette France qu'il adore, il va demander à un pays étranger un abri contre la haine de sa nation, et cultiver dans une paisible retraite les talents de son esprit et les qualités de son cœur. Richement doté de la grâce et de la nature, le jeune duc devint bientôt un gentilhomme parfait; ses manières dignes mais pleines d'affabilité, des connaissances vastes, étendues, ce caractère où se révèle à tout instant le fils des rois, tout, en un mot, concourut pour lui assigner aux yeux de la société une place hors ligne dans l'opinion publique.

Un enthousiasme frénétique accueillit le royal proscrit lors de ses voyages sur le continent. Le pouvoir lui fut hostile ; mais des milliers de Français surent lui prouver leur fidélité et leur dévouement par des protestations aussi fréquentes que sincères. Ils voulurent se donner le doux plaisir de contempler sur le sol d'une terre hospitalière, mais qui n'était pas la nôtre, ce Henri IV second, comme le prince s'est appelé lui-même aux jours de son enfance.

En vain essaya-t-on de réprimer ce mouvement, ce pèlerinage, en Angleterre, en Allemagne, en Italie, partout enfin où se trouvait M. le comte de Chambord. L'élan devenait plus fort quand on essayait de l'étouffer, et la flétrissure qui du haut de la tribune, fut jetée à la face de ces hommes de cœur et de courage, devenait un titre d'honneur et de gloire dont ils pouvaient être fiers et heureux. La noblesse et la démocratie ne cessèrent point de députer leurs représentants, et la classe ouvrière envoya des adresses couvertes de signatures nombreuses, quand la pénurie ne lui permettait point de mander quelques-uns de ses membres.

Tous se virent accueillis avec cette bonté condescendante, dont les Bourbons possèdent si bien le secret ; il n'y avait d'autres distinctions que celles d'un dévouement plus éprouvé du mérite et du génie; tous rapportèrent dans leur patrie la conviction intime que sous le gouvernement d'un pareil monarque, la France atteindrait de nouveau cette grandeur, cette prédominance, qui la constituait naguère la reine du monde.

Ils ne seront point trompés dans leur attente. Henri V viendra augmenter la liste des noms de nos rois. Dieu qui sut conserver la vie à Monseigneur, lui rendra aussi le trône de ses ancêtres, comme il l'a prédit par ses oracles. L'enfant qui apparut au monde le jour de l'archange saint Michel, vainqueur de Satan, saura briser lui aussi le sceptre de l'erreur et de l'iniquité, que le prince des ténèbres porte triomphalement à l'heure présente. Sans doute, sa tâche sera difficile, mais M. le comte de Chambord a cette volonté de fer qui applanit tout obstacle, et cette bonté de cœur à laquelle nul ne peut résister. Il sait enchaîner par l'amour les esprits les plus rebelles; la religion et le droit trouvent en lui un zélé défenseur, tandis qu'il sévira contre cette populace effrénée qui ne connaît la loi que pour la mépriser et la fouler aux pieds.

Quelle conduite ferme et sage n'a-t-il pas tenu lors de la question soulevée pour le drapeau blanc ! Qui n'a pas été vivement ému en l'entendant s'exclamer :

« Français !

« Je suis prêt à tout pour aider mon pays à se relever de ses ruines et à reprendre son rang dans le monde, le seul sacrifice que je ne puisse lui faire c'est celui de mon honneur.

« *Je suis et je veux être de mon temps ;* je rends un sincère hommage à toutes ses grandeurs, et quelle que fût la couleur du drapeau sous lequel marchaient nos soldats, j'ai admiré leur héroïsme et rendu grâce à Dieu de tout ce que leur bravoure ajoutait au trésor des gloires de la France.

« Entre vous et moi, il ne doit subsister ni malentendu ni arrière-pensée. Non, je ne laisserai pas, parce que l'ignorance ou la crédulité auront parlé de priviléges, d'absolutisme ou d'intolérance, que sais-je encore, de dîme, de droits féodaux, fantômes que la plus audacieuse mauvaise foi essaie de ressusciter à vos yeux, je ne laisserai pas arracher de mes mains l'étendard d'Henri IV, de François Ier, de Jeanne d'Arc.

« C'est avec lui que s'est faite l'unité nationale, c'est avec lui que vos pères conduits par les miens ont conquis cette Alsace et cette Lorraine, dont la fidélité sera la consolation de nos malheurs.

« Il a vaincu la barbarie sur cette terre d'Afrique, témoin des premiers faits d'armes des princes de ma famille ; c'est lui qui vaincra la barbarie nouvelle dont le monde est menacé.

« Je le confierai sans crainte à la vaillance de notre armée ; il n'a jamais suivi, elle le sait, que le chemin de l'honneur.

« Je l'ai reçu comme un dépôt sacré du vieux roi mon aïeul, mourant en exil ; il a été pour moi inséparable du souvenir de la patrie absente ; *il a flotté sur mon berceau, je veux qu'il ombrage ma tombe.*

« Dans les plis glorieux de cet étendard sans tache, je vous apporterai l'*ordre* et la *liberté*, Français.

« Henri V ne peut abandonner le drapeau blanc de Henri IV.

« Chambord, le 5 juillet 1871.

« HENRI. »

Ah ! puissions-nous voir bientôt déployer ses fleurs de lys dorées et saluer l'étendard de nos pères par nos acclamations joyeuses. Ce moment ne saurait tarder. Toutes les catastrophes précurseuses ont eu lieu : nous avons ressenti *la rigueur des saisons, le cri de frayeur* a labouré de son épée le sol de notre pays. *L'aigle affaiblie et délaissée* a disparu ; tristes témoins des excès des communards, nous avons vu *le sang inonder les murs de Paris*, l'éclair de la miséricorde brillera donc bientôt au firmament sombre de notre horizon politique. *La malice des pervers* a abreuvé le rejeton d'une race antique de larmes et d'amertumes ; le temps est venu où il recouvrera *la couronne fleurdelysée*. Imitons donc la noble confiance du descendant de saint Louis. Attendons tout de Dieu, mais sachons aussi, par nos actes plus que par nos paroles, hâter l'heure de la délivrance et du triomphe.

Notre parti est fort, il est invincible, nous avons pour nous le Dieu des armées et des oracles.

D'ailleurs combien de républicains sincères comptons-nous en France? Séparez tous ceux qui se groupent autour du drapeau rouge dans l'espérance d'un gain lucratif provenant du vol et de l'assassinat ; séparez, dis-je, tous ceux encore qui se proclament tels, par la crainte de se voir exposés aux vexations de leurs compagnons, et il ne restera qu'un chiffre bien petit d'hommes de conviction. Ceux-ci en veulent à Henri V, comme au représentant du principe monarchique ; mais ils béniront son administration sage et prudente, y trouvant la sauvegarde de leur idéal, *la liberté!*

On a reproché aux Bourbons d'être restés en arrière de leur siècle, et d'avoir voulu, après la Restauration, imposer à la France des idées conformes aux années anté-révolutionnaires. A d'autres de rechercher jusqu'à quel point cette accusation est fondée ; il suffit de jeter les yeux sur ce qui précède pour en être *convaincu. Oui, M. le comte de Chambord est l'homme de son siècle.* Pour le prouver, citons encore quelques passages de sa correspondance et de ses manifestes sublimes, où se révéla l'âme de Monseigneur dans toute sa beauté.

VII

Jamais peut-être l'Eglise n'a vu sur le trône des Apôtres un Pontife comme celui qui dirige aujourd'hui la
frêle barque de saint Pierre à travers les vagues écumán-
tes d'une mer en courroux.

Aussi Dieu, qui le destinait à une grande gloire pré-
cédée de rudes souffrances, lui a donné, dans un degré
éminent, le don de captiver les cœurs, même les plus
contraires à sa sainte cause.

Lisons, pour nous en convaincre, les expansions sui-
vantes. La première est du vieux général américain dont
nous avons vu la rude franchise :

Rome, le 28 avril 1868.

« Je sors d'une audience privée obtenue par l'intermédiaire d'un cardinal qui est un peu de ma famille, et j'ai le cœur si content, qu'il me semble avoir gagné une fameuse bataille.

« Quel homme que le Pape! ma chère. Si tous les évêques et curés lui ressemblaient, tout le monde se ferait ultrà-dévot rien que pour leur faire plaisir.

« Depuis trois mois, j'ai parlé à bien des altesses et des majestés ; j'ai vu votre Napoléon, l'empereur de Russie, les rois de Prusse, de Belgique, de Saxe, etc. ; ce sont des esprits cultivés, des génies même si vous voulez, mais je les vendrais tous ensemble dix fois pour le Pape.

« Aussi je me sens d'une belle colère contre les satanées chemises rouges et leur ganache de chef.

« Que veulent ces bandits? J'ai causé seulement une heure avec le Pape; parole d'honneur, c'est le roi le plus libéral qui existe; qu'on le laisse faire et l'Italie sera heureuse. Mais je crains bien que, dans un an ou deux, ils fassent encore des leurs.

« Foi d'épée, malgré ma jambe de bois, je viendrai me mettre au service de Pie IX, et je tâcherai de leur faire perdre goût à leur métier.

« Je l'ai dit au Pape, qui m'a répondu : « Quand on « ploie déjà sous les lauriers, on doit laisser à d'autres « l'occasion d'en chercher de nouveaux. » N'y a-t-il pas là de quoi mourir cent fois de suite pour le même homme?

« Enfin, je me résume : M. le comte de Tr... a été des nôtres, lors de notre visite; il vous racontera tout au plus long.

« Laissez-moi vous ajouter seulement qu'en sortant du Vatican j'ai déclaré à ces messieurs que le premier qui me dira encore un mot contre le Pape, sentira la pointe de mon épée; j'ai répété le même avis à toutes les autres personnes de ma connaissance, et quand je serai de nouveau dans mes plantations, je donnerai à mes créoles une idée de Rome, mais une idée juste, exempte de toutes ces canailleries et mensonges qu'on débite à tout venant.

« Adieu, chère comtesse, ci-joint je vous envoie un chapelet que le Pape a béni; j'ai reçu de ses mains une tabatière avec son portrait, jugez si j'en suis heureux; je la conserverai avec mes croix et médailles. »

Ecoutez à présent un des plus notables personnages de la noblesse bavaroise :

« Fidèle à la promesse que je vous ai faite, je viens vous retracer en deux mots mes impressions sur Rome et son Pape.

« La ville offre en ce moment le contraste le plus frappant : ici des fêtes, là le deuil; d'un côté des cris et des acclamations; de l'autre, un silence morne et désespéré.

« Un matin, nous sommes éveillés au bruit du glas

funèbre. La troupe des prolétaires, envieuse de célébrer l'arrivée du monarque très-chrétien, l'illustre Victor-Emmanuel, au son de la grosse cloche, s'est trompée d'adresse.

« Quel est ce *Requiem?* est-ce celui de la papauté ou de la royauté intruse?

« Sa Majesté paraît avoir senti le sol brûler sous ses pieds; elle est repartie le jour même, après avoir donné quelques écus aux inondés. Renommée embouche la trompette!!!

« Le prince Humbert s'amuse; ses soldats tracassent qui bon leur semble. Malheur aux vaincus!

« La noblesse se maintient à la hauteur de la position; très-peu de ses membres font la cour au nouveau gouvernement. Les dames surtout se montrent en véritables romaines; aussi la princesse Marguerite restera longtemps à attendre des visiteuses.

« Le peuple est partagé d'opinion : les uns sont pour le roi, la majorité pour le Pape.

« De pauvres administrateurs aiment mieux courir risque de mourir de faim que de se parjurer. On m'a raconté que de ce nombre se trouve un père de famille avec dix enfants, dont l'aîné a quinze ans.

« Il m'a coûté des efforts inouïs pour parvenir au Vatican. Je m'attendais à trouver Sa Sainteté pâle et abattue. Il n'en était rien. Jamais je ne lui ai vu un air plus serein, une énergie plus mâle, une conviction plus profonde de ses destinées. « C'est une tourmente, m'a dit le Pape, elle passera bientôt; tout cela finira bien, car je compte sur Dieu et la France. »

« J'ai rappelé à Sa Sainteté la demande formelle de notre roi, savoir qu'après la guerre avec la France, les troupes marchent sur Rome. Le Pape a souri; il paraît convaincu que la France seule sera sa libératrice.

« Le gouvernement actuel a fait offrir à Sa Sainteté une somme assez considérable qu'il a refusée avec indignation.

« Si, comme moi, vous aviez pu contempler la figure calme et majestueuse de **Pie IX**, vous auriez été étonnée. Quelle foi, quelle grandeur d'âme faut-il avoir pour rester si tranquille lorsque tout est en danger de périr!!!

« Ne serait-ce qu'à cause de cette force énergique et de cette résignation touchante, au milieu de ses malheurs, Pie IX mérite le surnom de grand si la postérité ne le convertit pas en celui de saint. »

. . . .

. . . .

Tous les journaux sont d'accord à affirmer continuellement la sérénité de notre bien-aimé Pontife.

Accablé par les disgrâces de la fortune, ou pour mieux dire, profondément affligé des outrages sanglants qu'il reçoit de la part de ses propres enfants, il ne sait que prier et pardonner.

Sa belle âme ne garde aucun fiel contre ses oppresseurs, il désire au contraire les voir rentrer dans le giron de cette Église qu'ils persécutent aujourd'hui. Il est plus sensible aux souffrances de ses fidèles serviteurs qu'aux siennes propres ; il tend de tout son pouvoir à les adoucir, et là où sa volonté reste impuissante, une bonne parole, un mot d'affection remplacent amplement le don devenu impossible.

A l'exemple du divin Sauveur, il attend ses bourreaux pour leur ouvrir ses bras, et prononcer sur leurs fronts coupables un pardon régénérateur. Il semble que sa pitié et sa charité paternelle s'accroît à mesure que les outrages dont il est l'objet se multiplient.

Dieu se plaît à manifester par son intervention puissante combien sont vains les complots des sectaires misérables et infâmes. Qui n'a vu un coup de la Providence divine lors de la dernière tentative à la vie du Saint-Père ? Un cierge magnifique est offert au camérier de Sa Sainteté, avec prière de le faire brûler pendant la messe du Pape. Mais à peine Pie IX est-il à l'autel qu'une émotion soudaine se traduit en sa noble physionomie. Eteignez, dit-il au servant, éteignez ce cierge. On s'empresse d'obéir à ce commandement.

Après la messe, on dépèce, sur le désir du Saint-Père, le flambeau de cire et on y trouve une petite bombe destinée à le tuer aux pieds des tabernacles. Le Christ avait sauvé son vicaire !!!

Qui a vu Pie IX une seule fois, ne peut jamais oublier cette figure où se reflète un rayon d'en haut. Son regard, son sourire ont quelque chose qu'on ne peut rendre ; on ne saurait à quoi attribuer le pouvoir magique

qu'il exerce sur tous ceux qui le voient, si l'on ne savait
pas qu'ici-bas déjà les saints sont les maîtres de la terre
et des cœurs.

C'était au mois de mai 1867, une foule immense af-
fluait vers la ville éternelle pour y assister à la fête de
saint Pierre. De notre compagnie était un homme d'esprit, mais athée. Outré d'indignation de cette *mendicité
honteuse du denier de Saint-Pierre*, il prouvait si bien
par toutes sortes de raisonnements que le Pape était un
prodigue insensé, que l'on aurait été tenté de le croire!

Sur ces entrefaites arriva le 4 juin, et M. le baron de
R.... se joint à nos autres compagnons et va au Vatican
où ils avaient obtenu une audience. En sortant du palais
pontifical, notre ami ne dit plus mot. Interrogé par M. le
comte de Steinfeld, il s'exclama : *Freund, der Pabst
hat mich zum Lügner gestempeld, oder aber, er ist
ein Heuchler* (1).

Et voilà mon cher baron à l'affût de tous ceux qui peuvent lui donner des détails de la vie et du gouvernement
du Saint-Père.

Avant de quitter Rome, il versa dans la caisse papale
la somme de 20,000 francs, et, en mourant, il chargea
son héritier d'en compter le quintuple comme denier de
Saint-Pierre.

J'ai vu de mes propres yeux des hommes aux cheveux
blancs que rien ne pouvait émouvoir, pleurer à la vue du

______

(1) Le Pape m'a fait mentir ou bien c'est un hypocrite.

Saint-Père ; ce qui est encore plus caractéristique, c'est la parole de M. D. H., juif millionnaire. En voyant passer Sa Sainteté, il me dit : « Quel dommage qu'il ne soit pas notre rabbin. »

Un autre personnage, *dont l'esprit élevé* ne s'abaissait pas aux vulgaires doctrines de la religion, s'écriait : « En voyant le Pape, on ne peut s'empêcher de croire en la vertu. »

Concluons par un mot de Sa Sainteté, qui prouvera sa prédilection constante pour notre patrie.

On présentait au Pape plusieurs messieurs de qualité, lorsque vint le tour d'un de nos compatriotes dépourvu de ces distinctions. Dès que son nom fut prononcé, Sa Sainteté se hâta d'y ajouter : « Enfant de la France. » L'inflexion de sa voix montrait combien valait cette qualification honorable.

Oui, la France a toujours été la fille chérie du Saint-Père. Puisse-t-elle, en retour, délivrer bientôt Pie IX de sa captivité et le ramener en triomphe sur son trône.

Que la Reine des cieux protége le Pontife qui la déclara immaculée, après avoir enchâssé dans son diadème le joyau brillant de l'infaillibilité. Puisse-t-elle soutenir son courage en attendant le jour où elle le couronnera roi-confesseur et martyr.

VIII

Et toi, dont le nom sacré par la gloire,
Jette un nouvel éclat sur notre sainte histoire,
O mon roi ! bien souvent j'ai mouillé de mes pleurs
La page attendrissante où vivent tes douleurs
Et pourtant, au milieu de mes tristes pensées,
Toujours, dans l'avenir, des tribus délaissées ;
M'apparaissent, brisant du génie infernal
Et les droits usurpés, et l'empire fatal.

Le Martyr. — AUBERT.

Pour juger un homme, on n'a besoin que de saisir un des cris spontanés de son âme. Une seule parole suffit parfois pour nous le dépeindre.

Il en est ici-bas qui exercent un empire souverain sur tout leur entourage. Privés par les coups du sort d'un rang légitimement dû, ils dominent les autres par une supériorité morale et une dignité naturelle. De ce nombre est M. le comte de Chambord.

Sur son front, que l'adversité n'a pu courber, rayonne une majesté à laquelle l'éclat du trône ne saurait rien ajouter. Quand, une seule fois dans sa vie, on a pu con-

templer les traits que nul pinceau ne saurait rendre fidè-
lement, et senti ce regard scrutateur plonger jusqu'au
fond de l'âme, remuant les fibres les plus secrètes du
cœur; quand on a entendu les modulations de cette voix
vibrante et sympathique et senti le contact de cette main
royale, jamais, oh! non, jamais on ne saurait oublier
les sensations délicieuses de cette heure fortunée.

Là, ce n'est pas le prestige du luxe et du faste qui
séduit; le descendant de nos rois est assez grand pour
qu'il lui soit permis d'être simple dans sa mise et son
entourage. Aucune décoration ne le signale; mais qu'il
vous parle, ou bien qu'il jette ses yeux sur vous, un
irrésistible entraînement vous attire vers lui, et vous
devinez sans peine, sous cet extérieur, le génie d'un
Louis XIV, la bravoure d'un Henri IV, la foi et l'amour
de saint Louis.

Effectivement, M. le comte de Chambord réunit en lui
toutes les vertus qui ont illustré ses augustes prédéces-
seurs, et celui qui s'écriait, il y a quelques semaines,
au milieu d'une réunion de royalistes : « Messieurs, *depuis quarante ans la Providence travaille à un chef-
d'œuvre!* » n'exagérait pas.

Oui, parmi toutes les personnes que l'Europe contemple avec admiration et orgueil, pas une seule ne mérite
plus cette vénération publique que M. le comte de Chambord.

La nature l'a créé roi par la noblesse de son caractère,
l'élévation de ses sentiments et la grandeur de son âme.

Esprit vaste et éclairé, il n'a laissé aucun champ de la science sans s'y aventurer avec un succès manifeste ; le goût inné de tout ce qui est vrai et beau, l'amour de l'art et de ses chefs-d'œuvre, les affections généreuses de son cœur, ont achevé d'en faire un prince éminent et sans égal.

En contemplant cet assemblage fortuné de facultés naturelles et de qualités acquises, on serait tenté de s'exclamer : *Quel dommage qu'il soit destiné à un trône!!!*

Puis, quand la raison a étouffé ce sentiment d'égoïsme, on se hâte d'ajouter : *Heureux pays que celui dont il sera le souverain!*

Certains ont reproché à Henri V un manque d'énergie et de courage. Comment, s'écrient-ils, avec un parti comme le sien, ne pas avoir tenté de se faire justice, de renverser le régime actuel? Quelle lâcheté!

Ceux qui voudraient flétrir de la sorte une conduite si digne d'être applaudie, oublient sans doute qu'il est d'un conquérant aventureux de s'emparer d'un trône par la révolution, tandis que l'héritier légitime, fort de son droit, ne peut user de ce moyen. Le premier s'impose, le second cède aux acclamations de son peuple!

M. le comte de Chambord ne peut point servir la France malgré elle. Jamais il n'a eu même la velléité d'influencer les esprits.

Il saura régner, mais non conspirer. Sa manière d'agir, sans pareille dans notre histoire, n'est-elle pas la preuve irrécusable d'une âme à la hauteur de cette tâche difficile à laquelle Dieu le prépare depuis tant d'années?

Du reste quel est l'homme qui connaît Monseigneur et sait lui refuser l'hommage d'une affection profonde? Il n'y a que les ennemis de la religion et de l'ordre social; mais leur haine, ne l'oublions pas, leur haine est un titre de gloire pour celui qui en est l'objet.

Les angoisses, les déceptions, les tribulations de toute sorte sont venues l'assaillir; toujours elles l'ont trouvé sur le chemin de l'honneur et du devoir.

Jamais la couronne fleurdelysée n'aura ceint un front plus pur et plus beau. Son nom est sans tache, comme son âme sans ombre. Illustre par ses malheurs et ses vertus, il a pour lui Dieu, le bon droit et l'amour du véritable Français.

Rome l'a béni, l'oracle l'a nommé.

Amis, qu'attendons-nous? (1)

-----

(1) Les feuilles publiques nous apprennent que, pour la seconde fois, Henri V a demandé au Saint-Père sa bénédiction apostolique pour lui et pour la France.

IX

. . . . . . La France doit encore
Annoncer à la France une nouvelle aurore !
Bientôt de son berceau où germe l'avenir,
Des voix s'élèveront pour prier et béuir !
. . . .

Pourrais-je terminer ces courtes pages sans rappeler au souvenir du cœur un nom que déjà nos lèvres prononcent avec un saint amour !

Non, je ne veux pas me rendre coupable de ce criminel oubli ; il m'est trop doux de redire à mes compatriotes qu'

A travers les horreurs de la tourmente amère,
Nous avons vu briller un sourire de mère (1).

Madame la comtesse de Chambord mérite à juste titre cette qualification. Elle s'est montrée telle envers tout Français qui a eu le bonheur de s'en approcher. Aussi modeste que pieuse, elle a su dérober à la connaissance du monde la plus grande partie de ses œuvres de zèle et

(1) Violeau, *Epître aux Jeunes Mères.*

de charité; elle ne cherche qu'à s'effacer, et ses vertus acquièrent par là un éclat nouveau.

A cette heure, l'auguste princesse gémit avec nous des souffrances de sa patrie d'adoption : puisse Dieu exaucer ses vœux et les nôtres.

Que la France, que Rome redeviennent libres et heureuses; nous pourrons alors acclamer tout haut l'ange de Froshsdorf par le titre que nos cœurs lui ont décerné depuis longtemps.

Ah ! qu'il vienne donc ce jour si ardemment désiré, où le droit et la religion triompheront ensemble!

Pour hâter sa venue, prions; prosternons-nous aux pieds du sanctuaire, demandons par nos larmes et nos prières le miracle qui doit sauver la France et lui rendre son Père et son Roi.

Ah ! si le sacrifice de ma faible existence pouvait amener promptement cette heure fortunée, volontiers j'ensevelirais dans le froid linceul mes vingt-deux printemps, et ma lèvre déjà refroidie par le souffle de la mort, murmurerait encore sur le bord de la tombe ce cri de ralliement, de victoire et d'amour :

Vive Pie IX !
Vive Henri V !
Vive la France !

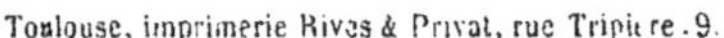

Toulouse, imprimerie Rives & Privat, rue Tripière. 9.